DEVOIRS

DU

SUFFRAGE UNIVERSEL

PARIS. — IMP. SIMON RAÇON ET COMP., RUE D'ERFURTH, 1.

DEVOIRS

DU

SUFFRAGE UNIVERSEL

SUIVI DU TEXTE DE LA LOI ÉLECTORALE

PAR

EUGÈNE DELATTRE

AVOCAT A LA COUR IMPÉRIALE DE PARIS

PARIS

PAGNERRE, LIBRAIRE-ÉDITEUR

RUE DE SEINE, 18

1863

LIVRE PREMIER

DEVOIRS SOCIAUX

I

Locutions fausses sources des plus graves erreurs.

Qu'est-ce que le droit du suffrage universel? Quelle est son origine? — On répond qu'il est né du droit social. Mais qu'est-ce alors que le droit social?

Il n'est pas si facile que l'on pense de répondre à ces questions. L'homme croit d'ordinaire, quand il entend des mots, qu'il faut absolument y trouver un sens; quand ces mots portent le nom de *lois*, il s'imagine volontiers qu'ils expriment une vérité. Il croit, il s'incline devant l'idole, il répète la formule, et passe outre. Si l'on veut savoir d'où vient cette longue suite de lois qui se transmettent de générations en générations, comme une éternelle maladie, il ne faut pas chercher ailleurs son origine. Nous répétons les mots et les raisonnements qui nous ont été appris; penser, raisonner par nous-même, est un rude labeur que nous évitons avec soin.

On parle chaque jour *des droits* du suffrage : *droit* de l'électeur de voter ou de ne pas voter, *droit* de l'éligible de se porter candidat ou de n'en rien faire, *droit* pour le gouvernement de présenter des candidats ou de s'abstenir, *droit* pour chacun de choisir à sa guise, *droit* des citoyens, *droit* de l'État, *droit* social...

Combien peu ont sondé la valeur de ces expressions !

La même indifférence enveloppe comme d'un linceul les principes de 89. Le mot est sur toutes les lèvres, mais l'idée féconde, où s'en est-elle allée? Chacun sait que ces principes ont été placés en tête de la constitution, comme le monument qui domine la cité, comme le Panthéon des gloires de la patrie. De ce côté, dit-on, l'homme doit tourner ses premiers regards, comme l'Arabe doit s'incliner vers l'orient au premier rayon du soleil qui doit éclairer sa route.

On le dit, mais on ne le sent pas, et l'on passe devant le temple de la vérité sans chercher à pénétrer ses mystères, nul ne songe à lever le voile; loin de là, on craint d'approcher; il semble que la vérité fasse peur.

Cependant 89 n'a pas proclamé toutes les vérités qui sont dans le cœur de l'homme et qui toutes doivent avoir leur jour. Il a fait sa tâche, à notre génération d'accomplir la sienne ; car les vérités ne sont pas de ces héritages qui autorisent la génération suivante à végéter dans l'opulence d'une oisiveté béate. Pas de halte possible dans la vie sociale, sous peine de mort : Les peuples qui se sont couchés au bord du chemin ne se sont jamais relevés. La destinée nous presse ; il faut marcher si longtemps, et soutenir tant de luttes pour arriver à reconnaître et à promulguer quelques vérités de plus ! Elles sont encore si clair-semées ! C'est, pour parler avec Bossuet, comme des clous attachés à une longue muraille dans quelques distances : vous diriez que cela occupe bien de la place ; amassez-les, il n'y en a pas pour emplir la main.

Cherchons donc s'il y a une vérité cachée dans ces formules *droit social*, *droit du suffrage universel*, gravées au frontispice de nos institutions. Soyons sur nos gardes vis-à-vis de certains mots ! Créés pour exprimer une situation qui a passé, ils sonnent faux, lorsque la situation est changée et que l'on continue à les appliquer à des choses nouvelles et différentes. Ils portent dans l'entendement un trouble inévitable, et sèment parfois des erreurs qui dégénèrent en calamités publiques.

D'autres, avant nous, ont répété que nous vivons dans une effroyable logomachie touchant la définition des rapports sociaux et politiques des citoyens entre eux, et des citoyens avec leurs mandataires ou représentants. Si nous parvenons à démontrer que le *droit social*, le *droit du suffrage*, sont de pures chimères, notre peine ne sera pas perdue. Il y a quelque avantage, sur des sujets d'une telle importance, à revenir au bon sens, et à exprimer nettement ce qui sous une forme confuse est le secret d'un grand nombre. Ce n'est qu'un grain, mais un grain bien cultivé peut produire une moisson.

II

Ce qu'on entend par droits et devoirs.

Ne dédaignons pas de remonter à la simplicité des notions primaires.

Avoir un droit et être apte à l'exercer, c'est posséder la faculté de faire un acte ou de ne pas le faire, de jouir d'une chose ou d'en disposer, d'exiger quelque chose d'une autre personne ou de ne pas l'exiger, et cette faculté est appelée *droit* (du latin *directum, rectum,* conforme à la règle), parce que les autres ont l'obligation de respecter, de protéger, de garantir la conservation et la jouissance de cette faculté. Le mot droit indique donc une idée de rapport, d'où cet axiome que tout droit est corrélatif de devoir (ou obligation) ; ces deux termes sont inséparables : il serait aussi impossible de concevoir un droit sans obligation qu'un créancier sans débiteur.

Le droit implique l'existence d'une société : si Robinson avait été jeté enfant sur son île déserte, il n'aurait pas eu la notion du droit. Il se serait senti libre, il aurait voulu, il aurait exécuté sa volonté, mais sa liberté ne se trouvant limitée par la liberté d'aucun autre, elle n'aurait pas eu besoin de s'assujettir aux règles d'un rapport qui n'existait pas.

La coexistence de deux individus ne suffit pas encore pour donner naissance au droit. Supposons deux hommes dans un lieu isolé du reste de l'humanité. Chacun est libre, et également libre de par la loi de nature ; la liberté de l'un n'a pour limite que la liberté de l'autre ; si le premier veut enchaîner la liberté du second, celui-ci en se défendant lui criera : « Tu es injuste ! » Car l'homme est doué d'une faculté justicière, faculté spéciale, qui ne se développe qu'avec le travail et la civilisation, mais dont le germe est commun à tous. L'homme, dit Montesquieu, est né avec une faculté justicière. « La justice est une qualité qui lui est aussi propre que l'existence. » M. J. Proudhon a rendu la même idée en ces termes : « L'immanence de la justice dans l'homme. » De toutes nos facultés celle-là est peut-être la plus vivace. Un magistrat qui avait longtemps étudié le monde des condamnés avait constaté que, dans le travail de décomposition morale de ces malheureux, la notion de la justice semblait être la dernière à s'éteindre. Il en retrouvait encore des traces, même dans les forçats tombés au dernier degré de l'immoralité.

Dans notre hypothèse, l'homme attaqué pourra donc

dire à l'agresseur : « Nous sommes libres tous deux, et tous deux également libres, ton attentat contre ma liberté viole la justice. » Il ne lui dira pas : « Tu violes mon droit, » quoique le droit soit fondé sur la justice, parce qu'il n'existe personne autour d'eux qui puisse protéger et garantir la possession de cette liberté.

Sortons maintenant de l'hypothèse pour nous placer dans la réalité, c'est-à-dire dans un groupe, dans une société arrivée à un état de civilisation suffisant pour que les individus qui la composent aient reconnu qu'ils étaient nés également libres, et de plus, qu'ils étaient nés pour vivre nécessairement en société. Quel sera un des buts principaux de leur association ? L'idée première qui surgira dans leur esprit sera de se garantir mutuellement une jouissance égale de leur liberté. Ils chercheront dans la justice la règle (*rectum*) des libertés de chacun, et ils organiseront l'association pour protéger et garantir la conservation et la jouissance de ces libertés. Alors apparaît *le droit*, ou mieux, *les droits de l'homme et du citoyen*, c'est-à-dire les rapports des libertés individuelles, réglés par la justice, ayant pour corrélatifs le devoir, l'obligation pour tous de les conserver et de les garantir.

La règle qui établira ces rapports sera puisée dans la conscience de l'homme honnête et éclairé. On l'appellera équité naturelle, loi naturelle. Pour la rendre plus stable, on la précisera et on la transformera en loi écrite. Quand la loi écrite sera muette, le juge aura recours à la loi naturelle. (Art. 4 du C. Nap.)

Le jour où ces principes sont compris, une nation entre dans une ère nouvelle. Voilà les libertés individuelles sauvées de la servitude, garanties par une loi écrite, garanties par la loi naturelle, dont on travaillera chaque jour à sonder les profondeurs afin d'améliorer la loi écrite ; l'homme peut désormais marcher sans crainte au milieu de ses concitoyens ; si l'un froisse sa liberté, il invoque *son droit*, et à l'instant l'association lui prête main-forte pour *obliger* l'autre à s'incliner devant cette liberté cautionnée par l'association. S'il m'était permis une comparaison, je dirais volontiers que le droit est le passe-port juridique de la liberté individuelle signé par la société.

Ainsi, quand on parle des *droits naturels*, on suppose la reconnaissance de quatre vérités :

Que les hommes sont nés également libres ;

Que les limites réciproques des libertés individuelles doivent être réglées par la justice ;

Que les hommes sont nés pour vivre en société ;

Et que l'association doit garantir la conservation des libertés individuelles.

Sous ce point de vue, le droit naturel serait défini : les rapports des libertés individuelles réglées par la justice, ayant pour corrélatif le devoir imposé à tous les associés de les protéger et de les garantir.

Nous verrons plus loin, aux chapitres iv et suivants, que cette définition est conforme aux principes de 89. Il est inutile d'ajouter qu'elle n'a rien de commun avec toutes les erreurs des temps passés, qui s'étaient affublées pompeusement du mot *droit* pour mieux fouler aux

pieds tous les principes. L'énumération des membres de
cette famille de faux droits, si étroitement unie, exigerait plusieurs volumes ; ils s'étaient ramifiés partout, ils
avaient l'art de coiffer savamment tous les vices, grands
et petits, depuis la folie de l'orgueil jusqu'à la plus hon-
teuse débauche ; depuis le droit divin jusqu'au droit de
cuissage. La définition de ces faux droits serait : les libertés
du despotisme réglées par les vices les plus effrénés,
ayant pour corrélatif la servitude, et pour garantie la potence, la torture ou l'infamie. Ceci est tout à fait étranger à la liberté, à la justice et à la garantie sociale : aucune confusion n'est possible. Notons seulement que le
premier mot de la définition est le même que le nôtre :
la faculté de faire ou de ne pas faire, la liberté, l'irresponsabilité, la souveraineté ; mais là se borne le rapprochement. Leur liberté, source de ce qu'ils qualifiaient
leur droit, n'était point réglée par l'égalité, par la justice, mais uniquement par le caprice. Les rois de France
terminaient leurs ordonnances par ce mot insolent, que
des laquais seuls pouvaient entendre de sang-froid : « Car
tel est notre bon plaisir ! »

A côté du droit naturel se place le droit positif. Ce
dernier prend son origine dans la loi écrite. Si cette loi
est conforme à la loi naturelle, la définition que nous
venons de donner sera encore vraie ; mais si la loi positive est contraire à la loi naturelle, nous n'aurons plus
qu'un faux droit qui constituera un monopole ou un privilége, c'est-à-dire un des plus grands fléaux de l'humanité ; alors notre définition ne sera plus exacte. C'est

pour ce motif que nous avons, au commencement de
ce chapitre, donné une définition qui s'applique à tous
les cas.

Les définitions les plus ordinaires du mot *droit* diffèrent de la nôtre sur un point que nous devons signaler.
Les auteurs disent bien que tout droit est le corrélatif
d'une obligation, et que le droit est la faculté de faire, de
posséder, etc.; mais ils oublient de mentionner que le
droit prend sa source dans la liberté, et qu'il est garanti
par la société. Il est pourtant évident que la liberté est le
signe distinctif de ce que l'homme appelle son droit. Le
créancier a le droit de poursuivre son débiteur, mais il
est libre de lui faire remise de la dette ; le propriétaire a
le droit de jouir de sa propriété, mais il est libre de
l'abandonner. Un droit qui ne serait pas libre, un droit
forcé, ne serait plus un droit, mais une obligation. Le
droit divin l'avait bien compris quand il disait : « Tel est
mon bon plaisir. » Il était monstrueux, mais logique. Dans
le langage usuel, ce caractère distinctif de la liberté se
reproduit à chaque instant : « On peut toujours transiger sur un droit, » dit-on. Pourquoi cela? Parce que
celui qui a droit est libre d'en user ou de n'en pas user.

Rappelons-nous une distinction fondamentale entre le
droit et l'exercice du droit. L'homme a le droit de monter sur son coursier; mais la faiblesse, la maladie, l'âge,
mettent souvent obstacle à l'exercice de ce droit ; néanmoins il conserve son droit, il chargera un autre de
l'exercer. Celui-là agira au nom du maître, *exercera*
comme mandataire le droit du maître, mais il n'absor-

bera pas pour cela la qualité de propriétaire; il ne pourra jamais, dans ce cas, dire : *Mon droit*, pas plus qu'il ne pourra dire : *Mon cheval*. Le tuteur exercera le droit du mineur, mais il n'en a pas les droits; il est mandataire du mineur. Un mandataire n'a jamais de droits; il exerce les droits de ses mandants comme obligé, et tant qu'il agit en leur nom il ne peut proférer d'autres expressions que celle-ci : Mon devoir, mon obligation.

J'emploie indifféremment ces deux expressions : devoir, obligation, parce que nos lois et un grand nombre d'auteurs les ont employées comme synonymes. Cette confusion semble avoir pour origine le mélange, opéré par le droit divin, de la religion et de la politique. Depuis 89, cette synonymie est regrettable. Il eût été à désirer que l'Académie, et à sa suite le législateur, aient renfermé le mot devoir dans la morale, et n'aient assigné au mot droit (naturel ou positif) qu'un seul corrélatif : obligation. Une langue ne saurait être trop précise sur ces sortes de matières. En attendant cette réforme, force est de subir le langage commun. Mais il est bien entendu qu'en nous servant du mot devoir nous ne l'employons que comme synonyme d'*obligation*, comme corrélatif du droit.

Évitons de confondre le *droit* avec l'*action*. L'*action* est l'arme légale placée entre les mains de l'un pour contraindre l'autre. Mais l'*action* peut avoir pour cause immédiate soit un droit, soit un devoir, elle constitue l'exercice d'un droit, comme aussi l'exercice d'une obli-

gation; exemple : je suis créancier, voilà un droit;
j'exerce ce droit, voilà une action qui dérive d'un droit.
Je suis tuteur, voilà une fonction qui m'impose des *obli-*
gations; j'exerce ces devoirs, voilà une action qui dérive
d'une obligation. — Je suis receveur de l'enregistrement, j'ai l'obligation de poursuivre les contribuables
récalcitrants. Pour exercer ces poursuites, j'ai une action. Cette action a pour cause une *obligation.* Néanmoins on qualifie vulgairement cette action de droit :
« les droits de l'enregistrement, » ce qui logiquement
conduirait à faire croire que l'enregistrement est libre
d'agir ou de ne pas agir, c'est-à-dire libre de ne pas
remplir ses obligations, ce qui serait absurde. Aussi ce
mot a été défini comme synonyme d'impôt d'enregistrement. Pourquoi alors un synonyme qui n'a pas de raison d'être? Il est évident que cette expression aurait dû
être effacée en 89, car, logique avant la Révolution elle
devenait absurde après. En effet, sous le régime du droit
divin, le souverain était libre de percevoir l'impôt d'enregistrement ou de n'en rien faire, à son gré, selon son
bon plaisir, selon son droit. Il pouvait alors dire : mes
droits d'enregistrement, sans blesser la logique. La
Révolution ayant fait de l'État un simple mandataire,
n'ayant comme tout mandataire que des obligations,
le mot : droit d'enregistrement devenait un contre-sens.

Peut-il y avoir en même temps *droit* et *obligation* de
faire telle chose? — Évidemment non. Celui qui a un
droit est maître de faire ou de ne pas faire; celui qui a
un devoir est obligé. Nul ne peut donc à la fois, et sur

le même objet, être armé d'un droit et soumis à un devoir. Ces deux termes sont aussi incapables de s'allier que l'eau et le feu, ou que la liberté et l'esclavage. Dire : j'ai le droit et le devoir de commander est un contre bon sens. Quand j'ai *le droit*, je suis libre de l'exercer ou de m'abstenir, je n'ai pas le devoir ; quand j'ai le devoir, je suis obligé, je ne suis plus libre, je n'ai pas *le droit*. On transige sur un droit, car qui dit droit, dit liberté ; on ne transige pas avec un devoir.

Pour quiconque a un *droit*, tout ce qui n'est pas défendu est permis.

Pour celui qui a *devoir* ou *obligation*, tout ce qui n'est pas expressément ordonné est défendu.

Le premier est libre, il n'a de compte à rendre à personne.

Le second est *obligé*, et est responsable de l'exécution de son obligation.

Nous craignons qu'on ne nous accuse d'avoir, dans ce chapitre, usurpé les fonctions de maître d'école. Hélas! nous ne sommes plus à Rome, où un patricien était tenu de savoir le droit, à peine de déshonneur. Ce n'est pas notre faute s'il n'existe en France ni école ni académie de droit politique ; ce n'est pas notre faute si la science des droits et devoirs du citoyen n'a pas le moindre enseignement, tandis que la science des poissons, dirigée par M. Coste, possède sa chaire au Collége de France, avec succursale en province. Nous sommes donc quelque peu excusable de rappeler sommairement les principes avant d'examiner leurs conséquences. Dans cette pensée le lecteur voudra bien nous suivre avec attention dans les chapitres suivants.

III

L'homme a des droits et des devoirs vis-à-vis de ses concitoyens. — L'individu seul a des droits; la société, être collectif, n'a que des devoirs et point de droits.

Nous avons dit que le droit, tel qu'il est sorti du monde moderne, renfermait implicitement la constatation des vérités suivantes : les hommes naissent également libres ; les limites de leur liberté sont tracées par la justice ; ils sont destinés à vivre en société et leur association a d'abord pour but de garantir à chacun la jouissance des libertés naturelles. Nous verrons plus loin si l'association n'a pas encore d'autres fins, et nous soumettrons l'ensemble de ces préceptes au contrôle des principes de 89. En premier lieu, il nous faut examiner les principes qui régissent toute association civile. Cette étude préliminaire est importante, car elle nous conduira à reconnaître s'il existe réellement deux natures de droits : droits politiques, droits civils, ou si nous devons, au contraire, traiter cette distinction de création chimérique et la reléguer dans la famille des deux morales.

Une association n'est fondée que sur les *obligations réciproques de tous les associés et les droits de chacun à exiger l'accomplissement des obligations de tous.*

Chaque associé a le droit d'exiger que tous ses coassociés remplissent leurs obligations; tous ont vis-à-vis de lui le même droit.

De ce que *tous* ont ce droit, s'ensuit-il qu'on puisse dire : « Donc la société a au moins un droit : celui d'exiger que chacun remplisse son obligation? »

Prenons un exemple pour mieux faire saisir notre pensée: Supposons une société de dix personnes capables, c'est-à-dire ayant des droits et les exerçant. Un des associés se refuse à apporter sa part sociale. Aussitôt les neuf autres se réunissent et délibèrent sur le parti à prendre ; ils se demandent s'ils vont contraindre l'associé récalcitrant, ou lui faire remise de sa dette. Ils décident à *l'unanimité* qu'on s'abstiendra de toute poursuite et que l'associé débiteur recevra, à titre de don, remise de cette dette.

Dans cette situation, les neuf associés étaient maîtres d'agir ou de s'abstenir; ils ont usé de leur droit. Mais seraient-ils fondés à dire: « *Nous avons usé de notre droit social*, notre droit social nous autorisait à prendre cette résolution. » Non pas, certes! Car ils ont agi, chacun en vertu de son *droit individuel.* Comme ils étaient unanimes, ils avaient la faculté d'abandonner individuellement leur droit à cette créance; mais si un seul d'entre eux n'avait pas acquiescé à l'opinion générale, il eût été fondé à leur parler en ces termes : « Vous êtes huit contre

moi, et cependant je vous défends de faire à notre débiteur cette remise de la dette. Elle nuit à mes intérêts ; je
m'y oppose, cela suffit pour annuler votre délibération ;
elle vient se briser contre mon *droit* de refuser mon consentement. Vainement vous cherchez un appui dans notre
constitution sociale, vous ne le trouverez pas ; notre société n'est pas fondée sur un chimérique *droit social*,
mais uniquement sur une *obligation sociale* base de notre
contrat. Or, ce contrat porte que chacun remplira ses
engagements vis-à-vis de la société et que celle-ci aura
l'obligation de contraindre chacun à l'exécution de son
obligation. Les conventions font la loi des parties ; l'être
moral que nous appelons société n'a aucun droit, il n'a
que l'obligation d'exécuter la loi des parties : obligation
d'arriver au but commun, obligation d'exiger que chacun
apporte le concours convenu. Pour agir, nous ne lui avons
pas cédé notre droit, qui est resté notre propriété individuelle, mais nous lui avons uniquement donné pouvoir,
avec ordre de suivre telle voie déterminée, de façon qu'il
agit comme mandataire obligé, responsable.

« Votre majorité ne peut rien contre ma résistance, car
il n'y a pas de droit de majorité. Si notre contrat porte
que nos résolutions seront prises à la majorité des voix,
cette puissance obligatoire n'est attachée à la majorité
que sur le meilleur mode à suivre pour accomplir la loi
de notre contrat. Or, une des clauses est précisément de
poursuivre le remboursement de ce qui nous est dû. Je
me serais incliné devant la majorité si elle avait délibéré
sur les voies et moyens à prendre pour recouvrer notre

créance ; mais faire l'abandon proposé est une prodiga-
lité qui n'appartient qu'au maître souverain, au droit individuel, lequel n'est pas plus de l'essence d'une majorité
que d'une minorité.

« Enfin vous objectez que votre proposition est de nature à donner à notre société une réputation de généro-
sité utile à sa gloire? Je vous répliquerai qu'un être moral,
qu'une société, n'a à conquérir d'autre réputation que
celle qui s'attache à l'accomplissement fidèle de ses obligations envers les tiers et envers les associés, attendu que
la société est faite pour l'associé et non celui-ci pour la
société. »

Si, malgré cette résistance, la majorité passe outre,
et si l'opposant lui intente un procès, tous les associés
composant la majorité seront condamnés et déclarés res-
ponsables comme ayant violé le contrat d'association.

Que le lecteur cherche d'autres exemples ; il consta-
tera que l'être collectif, la société, n'a jamais de droits.
Les associés se sont *obligés* à faire telle chose, à réunir
telle somme, dans un but déterminé. L'être moral, l'association, a été créé pour l'accomplissement des obligations réciproques des associés entre eux. Le représentant
de la société n'a reçu qu'un pouvoir : il est mandataire.

Vis-à-vis des tiers, la société n'a également pas de
droit social en vertu duquel elle puisse agir ou s'abstenir, signe distinctif du droit. Elle est *obligée* d'agir dans
les cas prévus en termes généraux ou spéciaux par les
statuts. En présence des tiers, elle agit au nom de tous
les droits individuels des associés, mais toujours comme

obligée vis-à-vis de chaque associé. Quand les associés ont laissé au gérant le choix des voies et moyens à prendre, celui-ci ne peut dire qu'il jouit d'un droit, puisqu'il est libre de choisir la marche qui lui convient; car, si le mandat n'est pas spécial, le but du mandat a été déterminé. Il *doit* prendre la voie la plus sûre pour atteindre ce but, et ceci est tellement exact qu'il est responsable des mesures prises par lui. Ainsi, une société privée n'a jamais ce qu'elle peut appeler un droit social. Elle reçoit un *pouvoir* des associés; elle a des *actions* contre les tiers; mais elle est enchaînée par les statuts de l'association, elle n'est pas libre, elle n'a pas de droits.

Malheureusement, dans le langage usuel, le mot droit se trouve accolé au mot société. Dans ce cas, il est pris pour synonyme d'*action*. Dans tout autre sens il serait contradictoire ou alors il faudrait dire que nous avons deux sortes de droits : des droits libres et des droits forcés, des libertés libres et des libertés enchaînées. Nous tomberions dans l'absurde.

Qu'on ne m'accuse pas de m'arrêter à de pures questions de mots. La gravité des conséquences qu'entraînent ces déplorables confusions apparaîtra à chaque pas que nous ferons dans le domaine du droit politique. A l'aide d'un mot mal défini, il n'est pas difficile au mandataire de briser ses chaînes, de jeter au vent ses obligations et de s'approprier les droits de ses mandants. De là à transformer ces droits positifs en droits divins, il n'y a que la distance qui sépare les lèvres de la coupe.

Entre un principe et ses conséquences, il y a toujours assez de place pour une erreur.

IV

Même sujet. — Les principes de 89 excluent l'existence du droit social.

De la petite société passons à la grande, à celle qui porte le nom de cité, de peuple, de nation, et cherchons si nous trouverons là le droit social.

« Quelle témérité! me dira-t-on, attaquer le droit social sur lequel reposent tous les droits les plus sacrés et les plus glorieux des pouvoirs publics : le droit de conquête, le droit de faire grâce, le droit de punir, le droit du suffrage universel? etc. Comment peut-on, sans frémir, porter une main investigatrice sur les choses les plus antiques, et les plus vénérées par l'histoire?»

Oui, l'histoire ancienne nous représente le droit social toujours vivant, mais il apparaît avec une double face : d'un côté, une noble tête de héros portant au front le rayon divin de celui qui abat la tyrannie et rend un peuple à la liberté; de l'autre, la face d'un bourreau gonflé de l'importance de ses fonctions, toujours prêt à la curée, glorieux de faire une boucherie humaine pour

la plus grande gloire du despotisme unitaire ou démago-
gique.

L'histoire, telle que nos pères l'ont faite, est une
grande enchanteresse, habile à draper dans des mots
pompeux les crimes et les sottises. Je la définirai volontiers : l'habile costumière des grandeurs, des folies et
des débauches humaines. Regardons de près son droit
social, frappons sur le monstre ; s'il allait sonner creux
par hasard? Si nous n'allions trouver qu'un être sans
vie, qu'un mannequin commode, que l'on promène dans
tous les carnavals politiques? Si nous ne découvrions
qu'un pur mensonge, qu'un faux dieu de la Sibylle, dont
le prêtre, caché derrière la muraille, parle à qui sait le
payer?

Cherchons le droit social dans la constitution de la
société, telle que nous l'ont révélée les principes de 89.

Avant d'indiquer le but d'une association, il était naturel de dire quels étaient les associés, en quelles qualités
ils entraient dans l'association. Ce travail fut singulièrement simplifié par les nombreux cahiers des charges, dont
l'immense majorité avait déjà posé, comme axiomes, les
vérités suivantes :

Les hommes naissent libres et demeurent libres;

Les hommes naissent égaux et demeurent égaux ;

Les hommes sont frères et à ce titre solidaires ; ils
sont nés pour le travail ; ils sont nés pour vivre en association ; leur loi naturelle est d'arriver par le travail et

l'association au développement le plus complet possible de leurs facultés physiques, intellectuelles et morales.

Tels sont les associés, telle est la proclamation des principes naturels qui les régissent. (Voir note B.)

Quel sera maintenant le but de l'association ?

Le but de l'association politique est :

1° La conservation et la garantie des droits naturels et imprescriptibles de l'homme. (Art. 2, 12, 16 de la Déclaration des droits.)

2° La création et l'organisation d'institutions nécessaires pour accomplir les devoirs de fraternité et de solidarité : instruction publique gratuite, assistance publique, secours au travail, etc. (Art. 5 de la Constitution.)

Jusqu'ici, rien qui révèle un droit social quelconque. Au contraire, la déclaration des droits de l'homme a pour corrélatif le devoir, *l'obligation* pour l'association de garantir le droit individuel. En second lieu, la reconnaissance de la solidarité assigne pour second but à l'association le devoir de créer des institutions propres à l'accomplissement de ces obligations que chaque associé se trouverait impuissant à satisfaire individuellement.

Les détails nous révéleront-ils ce droit social? examinons :

§ 1. Conservation et garantie des droits.

Plus de despotisme, plus de servitude : « Les hommes naissent libres. » (Art. 1ᵉʳ.)

Non-seulement ils naissent libres, mais ils *demeurent* libres (art. 1er). Il ne suffit plus de décréter que tout esclave qui touche le sol de France est libre ; une vérité nouvelle a brillé : l'homme ne peut effacer ce signe indélébile de la liberté, parce que les associés sont garants solidaires de la conservation de leur liberté ; celle-ci est déclarée inaliénable, l'homme ne peut s'en dépouiller ; aussi le préambule de la Constitution porte : « La loi ne reconnait plus ni vœux religieux, ni aucun autre engagement qui serait contraire aux droits naturels. »

Les hommes libres sont garants solidaires de leur liberté ! Là est l'essence la plus pure de la révolution de 89 ; là est la première obligation sociale. Les associés seront libres de choisir leur travail, de se réunir ou de se séparer sur une foule d'opinions, de croyances, d'intérêts ; mais quelles que soient les divisions et les antipathies, chacun des associés a *le droit* de réclamer protection et garantie de sa liberté, et tous individuellement et collectivement auront *l'obligation* d'accourir à l'appel et de garantir la conservation de ce droit. D'où résulte la nécessité pour chacun de rester homme libre. Si l'un violait cette loi primordiale, l'autre lui dirait : « Nous sommes garants solidaires, si tu prostitues ton indépendance ou aliènes ta liberté, comment pourras-tu défendre la mienne ? Il te faut demeurer libre parmi nous ou fuir la terre des peuples libres, car ici nul ne peut violer le pacte fondamental : droit de chacun à la liberté, obligation pour tous de la garantir. »

Les hommes demeurent *également* libres. L'association

a l'obligation de garantir cette égalité, en conséquence :
« Il n'y a plus ni noblesse, ni pairie, ni distinction héré-
ditaire, ni régime féodal, ni justice patrimoniale, etc., ni
privilége, ni exception au droit commun de tous les Français. » (Préambule de la Constitution).

La société aura-t-elle au moins le droit de définir la
liberté que l'association a pour premier principe de sauvegarder ?

Le droit divin disait : Oui, j'ai ce droit; 89 répond :
Non. La liberté est ainsi définie par la justice : « La liberté
consiste à pouvoir faire tout ce qui ne nuit pas à autrui :
ainsi l'exercice des droits naturels de chaque homme n'a
de bornes que celles qui assurent aux autres membres de
la société la jouissance de ces mêmes droits (art. 4 de
la Décl.). La loi ne peut défendre que les actions nuisibles à la société. Tout ce qui n'est pas défendu par la
loi ne peut être empêché, et nul ne peut être contraint à
faire ce qu'elle n'ordonne pas. »

Parmi ces libertés naturelles, il en est de fondamentales
que l'association aura expressément l'obligation de défendre et de garantir : « Liberté de l'homme, quant à sa
personne et ses biens, liberté de la parole, liberté de la
presse, liberté de réunion, liberté de l'industrie, liberté
de conscience. »

Liberté individuelle : « La Constitution garantit, comme
droits naturels et civils, la liberté à tout homme d'aller,
de rester, de partir, sans pouvoir être arrêté ni détenu
que dans les cas déterminés par la loi, — laquelle ne
peut défendre que les actions nuisibles à la société. »

(Art. 5 Décl. et art. 5 de la Const., t. 1ᵉʳ.) Ainsi, voilà le pouvoir législatif enchaîné, en présence de l'affirmation du droit individuel : nous sommes bien loin du droit social et du droit divin.

Liberté de l'homme touchant ses biens : « La propriété est un droit inviolable et sacré, nul ne peut en être privé, si ce n'est lorsque la *nécessité* publique, légalement constatée, l'*exige évidemment* et sous condition d'une juste et préalable indemnité. » (Art. 17 Décl.)

La société n'a pas même, d'après cette déclaration, le droit d'expropriation ; elle en aura l'obligation lorsqu'elle devra se courber sous la *nécessité*. « Lorsque la *nécessité l'exigera*, et que cette nécessité *sera évidente*. » Pas de liberté d'expropriation pour cause de commodité, de plaisir, d'enjolivement, de spéculation publique ! Non, la société n'agira que par loi de nécessité évidente. Et dans ce cas même elle ne prendra pas le droit, elle l'achètera. Achat forcé et payement préalable de la part de la société ; du côté de l'associé, obligation de vendre ; entre les deux obligations, pour l'individu de vendre, pour la société d'acheter, encore une différence : l'individu pourra vendre à l'amiable, et ajourner l'époque du payement, il est libre, il a droit ; mais la société ne pourra, même sous l'étreinte de la nécessité, acheter ce droit de propriété sans un juste et préalable payement du prix total : pour elle pas de droits, toujours des obligations, ainsi parle 89.

Les libertés de la parole et de la presse sont-elles des libertés sociales ? Elles constituaient un des apanages du droit divin, vont-elles se transformer en droit social? Non, elles sont droit individuel : « La libre communication des pensées et des opinions est un des droits les plus précieux de l'homme (de l'individu) ; en conséquence, la constitution garantit à tout homme la liberté de parler, d'écrire, d'imprimer et publier ses pensées sans que ses écrits puissent être soumis à aucune censure ni inspection avant leur publication. » (Art. 11 Décl., art. 1er Const.)

La société a-t-elle le droit de dire à celui-ci : Toi, tu auras la liberté d'écrire ; à cet autre : Toi tu n'écriras pas ou tu n'écriras que sur telle matière, dans telle forme, sur tel papier, à tel jour périodique ?

Non, cette liberté est un droit individuel, dont le corrélatif est l'obligation pour la société de protéger et garantir la conservation et la jouissance de ce droit. Ainsi, je suis imprimeur, mon imprimerie se trouve pillée : la société a l'obligation d'accourir pour me défendre, et de m'indemniser pour les dégâts soufferts ; elle me doit protection et garantie.

La liberté de réunion, dont le droit divin s'était déclaré le seul dispensateur, sera-t-elle à la merci de la société, constituera-t-elle un droit social? Non certes! « La constitution garantit, comme droit naturel et civil, la liberté aux citoyens de s'assembler paisiblement et sans armes, en satisfaisant aux lois de police. » Encore une sanction du droit individuel. Les individus se réunissent, si bon leur semble ; la société aura l'obligation de faire des lois de police qui assurent et garantissent aux autres membres de la société la jouissance des mêmes droits ;

elle aura le devoir de protéger le droit individuel au sein de ces mêmes assemblées, là où il se trouverait menacé dans la libre manifestation de sa pensée et de ses opinions. Dans une réunion de mandataires, son obligation sera plus stricte encore ; elle devra interdire les interruptions calculées, ordonner l'expulsion des membres assez oublieux de leur devoir pour couvrir la voix de l'orateur, soit par un bruit confus, soit en frappant leur pupitre avec leur couteau de bois, à l'instar des gamins et à la honte de la dignité humaine, ainsi que cela s'est vu à plusieurs époques ; elle aura pour obligation de protéger le contrôle de l'assemblée par chacun de ses membres, d'ordonner, par exemple, qu'après un vote quelconque tout membre signalé comme n'ayant ni étudié, ni connu la question votée, sera interrogé par une commission, aux risques et périls de l'accusateur ; elle aura l'obligation de renvoyer devant ses électeurs tout mandataire qui se sera rendu coupable d'abus de son mandat, etc. Nulle liberté, nul droit n'est accordé à la société, elle est enchaînée par la justice, par le droit individuel, par les statuts de l'association.

La liberté de conscience va-t-elle engendrer un droit social ? Donnera-t-elle naissance à une conscience publique, souveraine, irresponsable ?

Le droit divin la possédait, et avait, dans son omnipotence souveraine, créé une religion d'État. La société va-t-elle s'emparer de cet héritage ?

Non. Le droit individuel est seul souverain.

« Nul ne doit être inquiété pour ses opinions, même

religieuses, pourvu que leur manifestation ne trouble pas l'ordre public établi par la loi. » Mais comme le citoyen, même en cette matière, doit rester libre : « La Constitution garantit, comme droit naturel et civil, à tous les citoyens, le droit d'élire et choisir les ministres de leur culte. » (Art. 10 Déclaration; art. 3 Constit.) Dans son préambule, la Constitution avait déjà annulé tous les vœux religieux ou engagements contraires au droit naturel.

Si l'être collectif possède une fraction de droit quelconque, nous le verrons s'approprier les deux principaux attributs de la souveraineté, l'irresponsabilité de sa justice et de l'emploi de ses finances, comme le dictait le droit divin.

Là encore le droit social s'évanouit :

« Le pouvoir judiciaire est délégué à des juges à temps par le peuple. » — « La justice sera rendue gratuitement par des juges élus à temps par le peuple; l'accusateur public sera nommé par le peuple. » (Constit., t. 3, chap. 1er, art. 5; — id., id., chap. v, art. 2.)

« Tous les citoyens ont le droit de constater par eux-mêmes ou par leurs représentants la nécessité de la contribution publique, de la consentir *librement*, *d'en suivre l'emploi*, et d'en déterminer la quotité, l'assiette, le recouvrement et la durée. » (Art. 14 Déclaration.)

Toujours le droit individuel en présence des obligations de l'association.

Jusqu'ici nous avons parcouru la série des rapports de l'individu avec l'association, en ce qui concerne la garantie de ses droits naturels. Mais l'association humaine a un second but, l'accomplissement des devoirs de solidarité. Le droit social va-t-il surgir dans cette seconde série de rapports?

§ 2. Devoirs de solidarité.

Il n'y a qu'une humanité; tous les hommes sont libres, égaux, frères, et, à ce titre, solidaires, dit 89; et c'est sous la chaleur des rayons de ces principes que s'est fondu l'ancien régime. Celui-ci était aussi éloigné du principe de solidarité que de ceux de liberté et d'égalité. De temps à autre, il faisait bien quelques largesses à la populace, qui acclamait alors son magnanime seigneur, son généreux seigneur; mais ces largesses mêmes ne faisaient que sanctionner la liberté de secourir ou de ne pas secourir, en un mot, la souveraineté du droit seigneurial, féodal, divin. Cet ancien droit d'assistance a-t-il été transporté de l'ancien régime à la nouvelle société; le droit divin est-il devenu droit social?

Loin de là, nous répond 89; la société n'a ni droit d'assistance, ni droit de secours, ni droit d'instruction. Les hommes sont frères, sont solidaires, ils ont *l'obligation* de réunir leurs forces communes, afin d'accomplir leurs devoirs positifs de solidarité : *obligation* d'assistance, *obligation* de secours, *obligation* d'instruction publique et gratuite.

L'enfant abandonné a droit aux secours publics;

Le pauvre infirme a droit aux secours publics ;

Le pauvre valide, qui n'a pu se procurer du travail, a droit de demander du travail à la société.

En conséquence :

« Il sera créé et organisé un établissement général *de secours publics*, pour élever les enfants abandonnés, soulager les pauvres infirmes, et fournir du travail aux pauvres valides qui n'auraient pas pu s'en procurer. » (Art. 3, t. 1ᵉʳ de la Constitution.)

Ce n'est pas tout d'encourager les efforts et de fournir l'outil et la matière à l'ouvrier impuissant à trouver l'un et l'autre ; la société doit garantir le secours de la science ; chaque associé a droit à l'instruction publique ;

En conséquence :

« Il sera créé et organisé une *instruction publique*, commune à tous les citoyens, gratuite à l'égard des parties de l'enseignement indispensable pour tous les hommes. » (*Idem, idem.*)

C'est ainsi que l'on proclamait le devoir social, et il est probable que si la Révolution n'avait pas dévoyé, elle n'eût pas tardé à voter quatre cents millions à l'instruction publique (les deux tiers de ce qu'absorbent aujourd'hui la Guerre et la Marine militaire).

Les obligations de solidarité existent entre tous les hommes, donc entre tous les peuples ;

En conséquence :

« La nation française n'emploiera jamais ses forces contre la liberté d'aucun peuple. La Constitution n'admet pas de droit d'aubaine.

« Les étrangers, établis ou non en France, succèdent à leurs parents étrangers ou français.

« Ils peuvent contracter, acquérir et recevoir des biens situés en France, et en disposer de même que tout citoyen français, par tous les moyens autorisés par les lois.

« La personne des étrangers, leurs biens, leur industrie, leur culte, sont également protégés par la loi. »

Résumons :

D'après les principes de 89, les hommes naissent libres, égaux et solidaires. Ils sont nés, comme conséquence de cette troisième vérité, pour vivre en société.

Le but de leur association est de se garantir leurs libertés naturelles, leur égalité naturelle, et de mieux accomplir les obligations de leur solidarité.

Les rapports de leurs libertés, de leur égalité, de leur solidarité, avec les obligations de l'association sont dénommés : droits naturels et civils.

Pour se garantir leurs droits naturels à la liberté, ils s'obligent à demeurer libres.

Pour se garantir leurs droits à l'égalité, ils s'obligent à se rendre mutuellement justice gratuite par des juges choisis par eux.

Pour se garantir les droits qui découlent de leur solidarité, ils s'obligent à organiser, dans leur association, une instruction gratuite et divers établissements de secours publics.

En un mot, l'homme a des droits et des obligations vis-à-vis de la société.

L'individu seul a des droits ; l'association, l'être collectif n'a que des devoirs, des obligations.

Jusqu'ici nous n'avons rencontré aucune trace du droit social.

V

Continuation du même sujet. — Si ces principes sont reconnus de nos jours.

Les principes que nous venons d'examiner présentent-ils quelque point qui soit contraire à la raison moderne ?

Des écrits, des discours, des actes d'une haute justice m'affirment que ces idées sont partout, percent partout, même sous les institutions les plus propres à en étouffer les germes.

Le droit a-t-il bien pour corrélatif l'obligation imposée à la société d'en garantir la jouissance ?

« De cela seul que ma conscience me donne le droit de penser j'en conclus que la loi humaine *doit me garantir* le droit d'exprimer ma pensée. » (J. Simon, *le Devoir.*)

Si je ne me trompe, voilà bien un droit corrélatif d'une obligation sociale [1].

[1] Combien il est regrettable que l'auteur n'ait pas chargé son admi-

M. Frédéric Morin, plus heureux que son collègue, ne s'est pas arrêté en chemin. Il vient d'exprimer sa pensée avec vigueur et clarté. (V. note A.)

Que de riches citations nous pourrions emprunter au savant illustre, réputé un des chefs de la nouvelle école libérale, à M. Laboulaye! (V. note B.)

Combien d'autres, non moins célèbres, nous porteraient un secours efficace! Il semble que toute la presse indépendante ait passé contrat pour élever, nourrir, vêtir et instruire le nouveau-né : le droit individuel.

Les questions à l'ordre du jour révèlent le même travail.

La séparation des cultes d'avec l'État est réclamée de toutes parts. Ces manifestations attestent que la liberté de conscience est un droit individuel tout à fait étranger à l'État, qui ne laisse à celui-ci que l'obligation d'en protéger le libre exercice. — Droit individuel, obligation de la société !

La peine de mort vient d'être abolie à Neufchâtel, à Florence, etc. Cette abolition consacre notre principe : la société n'a jamais le droit de punir, l'association a uniquement l'obligation de placer les criminels dans l'impossibilité de renouveler leurs attentats et d'obtenir la réparation du préjudice causé. Le droit de punir était une

---

rable talent du soin de nous révéler les lois de la société humaine d'après les principes de notre Révolution ! Ses succès le conviaient pourtant à poursuivre son travail, et lui-même s'était tracé sa route en disant : « La tâche de nos pères a été de conquérir le droit : la nôtre doit être d'enseigner et de propager le devoir. »

abstraction greffée sur le droit divin et sur le droit social. Chez tous deux, il était injuste et chimérique, mais
chez le droit divin il présentait une apparence de logique ; il était la conséquence du droit de remettre les
péchés, d'imposer la pénitence, tandis que, dans le droit
social, il n'avait pour se soutenir que le prétexte de la
peur, — triste principe pour faire tomber des têtes
d'homme ou de femme ! En attendant, ici l'échafaud
recule, ailleurs il tombe. Encore une application du principe : droit individuel, obligations sociales !

Les idées de décentralisation, de confédération, mar-
chent vite depuis plusieurs années. Qu'y a-t-il au fond?
Droit naturel des individus de se former en groupe; nomination, dans chaque groupe, de mandataires justiciers
qui régleront les différends de chaque groupe, et qui de
plus, protégeront la liberté de l'individu qu'un groupe
passionné viendrait à opprimer ou à léser. M. Chaudey a
justement exprimé cet idéal des sociétés futures. Cette
organisation n'est qu'une réalisation de nos principes :
droit individuel, obligation sociale, solidarité des individus, solidarité des groupes.

Plusieurs discours de savants magistrats, MM. Blanche
et Denière, ont vivement ému le monde du commerce et
de l'industrie par la revendication des libertés commer-
ciales et l'abolition des monopoles (courtiers de commerce, agents de change, etc.). Des économistes autorisés
ont développé ces questions, déjà soutenues énergiquement, peu de temps auparavant, par M. Dréo, dans *la
Liberté des transactions*. La source de ces thèses est

limpide : l'homme est libre dans son industrie et son commerce, la société n'a pas le droit de créer des monopoles qui entravent cette liberté, elle n'a que l'obligation de la protéger. — Droit individuel, obligations sociales !

Récemment, une nouvelle inattendue a mis en émoi l'association des francs-maçons. On leur annonçait leur prochaine reconnaissance par l'État, comme société d'utilité publique. Aussitôt on s'agite, on discute, on s'éclaire ; finalement de toutes parts s'élèvent des protestations contre ce qui deviendrait un enchaînement et un privilége. « La société n'a que l'obligation de nous protéger ; notre liberté n'a pas besoin d'être autorisée, elle est de droit naturel ; pas de chaînes, même dorées ; nous sommes libres, restons libres. » — Encore ici, application des mêmes principes : droit individuel, obligations de la société !

Il serait facile de multiplier les exemples pris non-seulement dans les questions à l'ordre du jour, mais encore dans plusieurs de nos lois.

Si donc l'heure du triomphe n'a pas encore sonné pour les principes de 89, constatons du moins qu'ils sont encore vivaces, et soutiennent vaillamment la lutte.

VI

Même sujet. — Il n'y a pas deux natures différentes de droits : civils et politiques.

Notre exposé des rapports des associés dans une société particulière (civile ou commerciale) n'est pas oublié, je l'espère. Il sera facile, maintenant, de constater que malgré les différences qui existent entre la constitution des sociétés politiques et celle des associations privées, les principes généraux qui les régissent restent identiques. En quoi diffèrent les deux constitutions?

La société civile est fondée sur le consentement libre des associés; elle sera dissoute au terme fixé par l'acte de société; les associés sont majeurs, ils jouissent du droit et de l'exercice du droit.

Dans l'association politique, une partie seulement des associés possède à la fois le droit et l'exercice du droit. Les mineurs, les femmes n'exercent pas leurs droits par eux-mêmes. En outre, les associés, se comptant par millions, sont incapables de tomber complétement d'accord sur toutes les questions, et, ainsi, le cas de vote unanime, que nous avons cité, ne se rencontrera pas. La conséquence logique est que tous les *droits individuels*, im-

puissants à s'*exercer* avec un ensemble parfait, ne pourront en aucun cas modifier ou suspendre le devoir social,
ou rompre le contrat d'association. Les groupes iront
se modifiant, s'annexant ou se séparant, mais les rapports de l'individu avec la société resteront invariables,
tant que l'humanité existera. L'état naturel de la société,
loin de nous fournir l'origine d'un droit social, repousse
donc cette idée aussi énergiquement que dans l'association privée. Dans les deux sociétés, des devoirs mutuels incombent à tous; chacun a le droit de réclamer
à son profit la fidèle exécution du contrat. Je dis *a le
droit*, parce qu'il est maître d'en user ou de n'en pas
user ; mais il est clair qu'il n'a ce droit que quand son
intérêt seul est en jeu. Lorsqu'un associé se refuse à
l'accomplissement de son devoir vis-à-vis d'un ou de
plusieurs des associés ou de la masse, tous doivent l'y
contraindre, en vertu du premier devoir qui incombe
à tous : obligation de protection commune.

Nous avons posé la question en des termes très-propres à démontrer combien il est facile d'équivoquer sur
des mots. Chacun, avons-nous dit, a le droit d'exiger
que *tous* remplissent leurs devoirs vis-à-vis de lui; *tous*
ont vis-à-vis de lui le même droit : oui, tous individuellement ont ce droit (chacun en ce qui le concerne conserve son droit individuel), *mais tous collectivement*
n'ont pas le droit, ils ont l'obligation, ils sont tenus de
contraindre chaque associé à exécuter son obligation ;
l'union, l'association a été créée précisément dans ce
but. A tous incombent donc des devoirs mutuels ; à tous

incombe également le devoir de contraindre chacun à remplir ses obligations ; chacun possède le droit de réclamer l'exécution du devoir vis-à-vis de lui, mais quand il ne s'agit que de lui seulement. Ce principe reste commun aux deux sociétés, dans l'une comme dans l'autre, et ne laisse apparaître nulle part le droit social.

Chez toutes deux, le droit de la majorité est non moins insaisissable. Si la totalité n'a pas de droits, comment une fraction pourrait-elle s'en arroger? Qui ne s'aperçoit que l'on a confondu les pouvoirs de la majorité, qui sont très-réels et très-légitimes, avec les droits de la majorité, qui ne sauraient exister? Une majorité a si peu de droits, qu'elle est enchaînée par son vote comme la minorité. Elle a le devoir d'exprimer sa volonté, le devoir de l'imposer à la minorité, le devoir d'obéir à sa propre loi. Son pouvoir, dont la manifestation est forcée, ne peut se mouvoir que pour accomplir une obligation sociale. Le jour où une majorité ne se contenterait pas de faire une confusion de mots, d'appeler *ses droits* ce qui n'est que ses pouvoirs, mais d'usurper véritablement le domaine de l'individu, le *droit*, ce jour-là, l'anarchie serait chez l'une ; chez l'autre, la guerre civile et tous les fléaux mugiraient à la fois. Pas n'est besoin de remonter à l'antiquité pour en trouver la preuve.

La conclusion est que les principes qui régissent ces deux associations sont en tous points les mêmes. Les rapports de l'individu avec l'être collectif sont fondés sur le droit individuel, ayant pour corrélatif l'obligation de tous les associés, c'est-à-dire de la société. Il n'existe

donc pas deux natures de droits, pas plus qu'il n'existe
deux espèces d'hommes ni de morales. Il est à remarquer que la création des deux morales, dont l'apparition
a causé une si vive douleur à tous les honnêtes gens,
n'a pu être que la conséquence de la violation manifeste
des principes proclamés en 89. A défaut de raison,
l'homme vicieux cherche des prétextes, des expédients,
pour envelopper sa mauvaise action d'une apparence de
légitimité. Il en est de même partout, en politique comme
dans la vie privée. C'est pourquoi le bon sens recommande de n'ajouter aucune foi aux paroles avant
d'avoir vu les actes, et le droit romain enseignait en
outre qu'on ne devait jamais ajouter foi à celui qui une
fois avait trompé : *semel mendax semper mendax.*

Plaignons ceux qui ont deux morales sur la conscience.

Repoussons à haute voix ceux qui admettent l'existence de deux natures différentes de droit, dans la vie
civile et dans la vie politique.

VII

**Continuation du même sujet. — La société vis-à-vis les sociétés
étrangères n'a également que des obligations.**

L'étude des rapports d'une société civile avec d'autres
sociétés nous a appris, qu'en tant qu'être collectif, elle
ne possédait aucun droit.

Quant aux rapports des sociétés politiques entre elles, nous avons déjà vu que par la constitution de 91, la nation française s'interdisait toute guerre de conquête et toute atteinte portée à la liberté d'aucun peuple. Mais les termes employés prêtent à équivoque : « La nation renonce à toute guerre de conquête. » Comme elle ne nie pas le *droit* de conquête, il est nécessaire d'examiner de plus près les principes naturels qui règlent les rapports des associations politiques entre elles.

Quels pourraient être les droits sociaux d'une nation sur sa voisine? L'histoire ancienne nous répond : de conquérir, de se défendre, de commercer ou de fermer ses ports et ses routes.

Il est difficile, à notre époque, de ne pas sourire à la lecture de ces trois maximes; pesons bien leur valeur.

Droit de défense. — Un individu a le droit de se défendre. Il est libre de lutter, comme aussi de n'opposer aucune résistance. Il est maître de sa vie et de ses biens; à lui de savoir s'il préfère les laisser prendre ou s'il vaut mieux les défendre avec ardeur.

Mais une société, une nation, n'a-t-elle pas pour première obligation la défense commune? Quel serait donc l'avantage de vivre en société? Quel serait le but du contrat social, s'il n'était pas avant tout d'unir les forces pour la défense contre l'ennemi commun? A quoi serviraient les impôts, les emprunts, la conscription et tous les lourds fardeaux des devoirs de chacun, si l'être collectif ne devait protéger la chose commune et l'individu?

Poser une telle question, c'est la résoudre. Ainsi, en supposant que nous ne sachions pas, déjà, qu'une société n'a que des devoirs et point de droits, nous n'hésiterions pas à répondre : la société n'a pas le droit de se défendre, elle en a l'obligation. L'intérêt de la majorité ne doit jamais, ici, peser dans la balance, car l'intérêt d'un seul est aussi sacré sur ce point que celui de la majorité. Décider que l'être collectif a le droit de sacrifier l'individu, serait rentrer dans le système machiavélique, souffleté par tous les honnêtes gens.

Donc, il n'existe pas, pour la société, *droit*, mais obligation de défense et obligation sacrée.

Droit d'attaquer. — Je ne sache pas que ce droit ait été jamais soutenu bien sérieusement. Il est bien entendu que j'écarte les cas où l'attaque n'est qu'un moyen habile de se défendre. Une nation déclare la guerre à sa voisine, celle-ci croit qu'il est préférable de ne pas attendre, et de courir sus à l'ennemi, sur son propre territoire : ce ne peut être l'hypothèse du droit d'attaquer ; il n'y a là qu'un moyen de défense, et nous venons de rappeler que la défense est un devoir impérieux.

Écartons, pour les mêmes motifs, le cas où une nation déclare la guerre à la suite d'insultes ou de violences envers ses nationaux. Le premier devoir d'une société étant de protéger tous ses membres, l'attaque n'est plus dans l'espèce qu'un mode de défense, qu'un moyen d'obtenir réparation.

Quant aux guerres des conquérants qui se faisaient passer pour des dieux ou leurs représentants, et qui lançaient leurs armées d'esclaves cuirassés dans des régions éloignées où l'on ignorait jusqu'à leur nom, il est de toute justice de les classer dans la collection des corsaires, des coupeurs de bourses, des voleurs de grands chemins, des hordes barbares, brûlant, pillant, éventrant les femmes et égorgeant les enfants. Le droit de la force implique le devoir de l'esclavage, c'est-à-dire la négation de tout droit et de tout devoir ; il légitime les plus sanglantes représailles. Les esclaves qui ont égorgé leurs maîtres pour reconquérir la liberté ont pu être pendus, mais jamais condamnés par la postérité, car ils agissaient au nom du droit naturel.

Une société n'a donc jamais le droit d'attaquer. Dans certaines circonstances, elle en aura le devoir comme moyen de défense ou de protection.

Droit de commercer ou de fermer ses ports et ses routes. — Il est juste de reconnaître que ce droit a été l'un des mieux défendus. « Une société est maîtresse chez elle, a-t-on dit ; elle a le droit de fermer ses portes aux étrangers. »

Le droit divin tenait le même langage : « Je suis souverain, je suis libre, j'ai le droit de clore les portes de mon royaume ou de les ouvrir, selon mon bon plaisir, et je n'ai de compte à rendre à personne, parce que je suis souverain. »

L'histoire, tant ancienne que contemporaine, nous apprend que ce prétendu droit de s'isoler, a été constamment défoncé à coups de piques ou à coups de canon. Hier encore, le canon rayé, en compagnie du canon

Amstrong (*arcades ambo*), signifiaient à la Chine et à la Cochinchine, que l'homme est libre d'aller sur terre où bon lui semble, pourvu qu'il ne nuise pas à son semblable. Mais le canon le plus bruyant ne prouve rien par lui-même, il est donc nécessaire de montrer par où péchait cet axiome des temps passés.

L'individu a le droit de fermer à autrui la porte de sa maison, mais il violerait la liberté de son voisin s'il défendait à celui-ci de recevoir qui lui plaît. La société n'a donc pas le droit d'empêcher un étranger de visiter un de ses membres, s'il plait à ce dernier de le recevoir. Quand un étranger parcourt paisiblement une contrée, c'est qu'il trouve des gens qui consentent à lui donner l'hospitalité, ou à lui vendre des marchandises. Une société violerait la liberté individuelle de ses nationaux, le droit individuel, en prohibant un semblable commerce. Son action ne peut s'étendre que sur les mesures de police et de sûreté. Au delà, elle trahit ses obligations. Chasser un étranger lorsque sa présence ne fait courir à la société aucun danger, est une violation de la liberté des associés qui font commerce avec lui, et, de plus, un acte injuste et imprudent vis-à-vis de l'étranger. Il va de soi que l'étranger chassé, insulté, pillé, blessé, a le droit de réclamer à son tour la protection de sa nation, et que celle-ci a l'obligation de le protéger et de déclarer la guerre, s'il le faut, au gouvernement barbare qui a foulé aux pieds son premier devoir.

Vainement invoquerait-on ce qu'on a faussement qualifié du titre de « droit de protection. » Le monopole des nations est aussi contraire à la raison, au droit individuel, que le monopole d'un individu dans une nation. Il est aussi absurde que le droit de s'isoler. Pour qu'il fût légitime, il serait nécessaire, comme dans l'exemple des dix associés de notre chapitre IV, que tous les membres de la société, sans exception, y consentissent et agissent, non en vertu du droit protecteur social qui ne peut exister, mais au nom de leur droit individuel. Alors, ce ne serait pas l'*association* qui prohiberait l'entrée de la marchandise, mais tous les droits individuels réunis, sans exception et sans fiction, unanimes enfin. Mais, dans une société politique, cette unanimité est rendue impossible par le grand nombre des associés et l'existence de mineurs, d'interdits, de tous ceux qui possèdent le droit sans jouir de l'exercice du droit. En fait, il arrivera toujours que, quand le producteur désirera protection, le consommateur réclamera le libre échange qui est la loi naturelle, la liberté naturelle, le droit individuel.

La liberté commerciale vient d'entrer dans une ère nouvelle, mais en s'appuyant plus sur l'intérêt que sur les principes. Nous espérons qu'au vingtième siècle, reconnaissant que l'intérêt bien entendu est dans la justice réclamée par le droit individuel, elle aura, au nom de la justice, brisé toutes les douanes, et circulera sans passeport, après avoir gravé en lettres ineffaçables : « Les obligations de la société sont de protéger partout la liberté commerciale; les hommes ne sont, par la loi de nature, placés en société que pour défendre plus sûrement toutes leurs libertés, tous leurs droits individuels. »

VIII

**L'État est le mandataire de la société. Comme mandataire, il
n'a que des obligations et point de droits.**

Jusqu'ici, à dessein, nous nous sommes abstenu de parler de l'État. Si, dès l'abord, nous nous étions contenté
de reconnaître que nos grandes sociétés modernes ne
se meuvent et n'exercent leurs actions que par des *mandataires* nommés communément État ou gouvernement,
on aurait pu nous accuser d'esquiver la difficulté, de
confondre le droit avec l'exercice du droit. — Au point
où nous sommes arrivé, il n'est plus besoin de démontrer que l'État, n'étant qu'un mandataire, ne peut avoir
aucun droit. Il remplit une mission, un mandat, il est
agent responsable, il agit comme obligé.

L'individu n'a pu faire cession de ses droits individuels
à l'État, puisque l'État ne peut agir au nom de l'individu et qu'il n'agit qu'au nom de la collectivité.

Il n'a pu céder ses obligations à l'État, attendu qu'on
ne peut céder des obligations; il n'a confié à l'État
qu'un pouvoir, qu'un mandat, il ne lui a pas fait *cession*
de son droit individuel, puisque l'association a pour but
précisément la garantie de ces droits individuels.

L'État, gérant de la société, exerce plusieurs sortes d'actions en harmonie avec les obligations de l'association.

La première obligation était la garantie des droits naturels, de la liberté individuelle. A cet effet, on donne à l'État mandat de lever les contributions convenues et d'organiser une force publique pour maintenir la sûreté générale. A notre époque, l'exercice de ce mandat est confié à diverses institutions qui portent le nom de ministères de l'intérieur, de la guerre, de la marine, des finances.

La deuxième obligation était la garantie du droit d'égalité. Pour la remplir, l'État (les députés) reçoit les pouvoirs nécessaires pour créer les lois indispensables à l'établissement de cette justice qui constitue la deuxième obligation de l'association. L'application de ces lois nécessitera d'autres pouvoirs qui seront confiés à l'État sous le nom de magistrature. On se rappelle que 89 voulait que les juges fussent nommés par le peuple directement. Depuis longtemps, le mode est changé, et ce mandat est confié au premier mandataire chef de l'État, lequel le communique à des sous-mandataires et ainsi de suite, jusqu'au dernier échelon de la hiérarchie. Dans cette organisation, le pouvoir part du droit individuel, du souverain placé en bas, monte de là au chef de l'État, lequel le fait redescendre et circuler. Sous le régime du droit divin, le pouvoir partait d'en haut et descendait royalement dans les diverses ramifications.

De ces trois systèmes, celui de 89, s'il était possible,

serait certainement préférable ; il est bon que le mandataire soit placé le plus près possible de ses mandants.

La troisième obligation était relative à la garantie de
la solidarité. De là, les pouvoirs concernant l'instruction
publique, l'assistance publique, etc.

De droit social il ne pouvait être question en aucune
sorte, dans la dation de ces mandats.

Qui sont les mandataires? La majorité des associés.
Une majorité peut-elle être responsable, vis-à-vis de la
minorité, d'une faute lourde dans le choix des mandataires? La justice répond : oui, mais qui se soumettra à
la voix de cette justice? La solution de ce problème ne
pourra se trouver que dans une confédération.

En attendant, il ne sera pas inutile de signaler les
vices de notre langage usuel :

Un ministre dit à ses fonctionnaires : « J'ai le droit de
vous punir, j'ai le droit de vous casser, j'ai le droit de
vous envoyer ici ou là. » Ces locutions sont fausses, il a le
devoir de punir les fautes, le devoir de renvoyer l'employé infidèle, le devoir d'envoyer là où les exigences du
service l'indiquent. Qu'on ne dise pas : « Mais ce devoir
n'est pas spécifié en tous points. » Le général a le devoir
de conduire ses troupes au combat, mais on lui donne le
pouvoir de choisir les meilleures positions. Le mandat
donné à l'État ne peut être impératif dans tous ses détails ; on s'en rapporte à son intelligence et à son travail, mais à cette condition, qu'il aura l'obligation d'agir
dans un but unique, celui de l'accomplissement des de-

voirs de l'association. Un mandat est variable en sa forme, il peut être conçu en termes généraux ou limités, mais il est invariable dans son principe : l'obligation.

IX

Qu'est-ce donc que le droit social ? Une fiction. — Comment la fiction du droit social devait tuer toutes les républiques qui l'acceptaient.

Nous avons cherché le droit social dans la constitution de la société humaine telle que la nature l'a faite, et nous ne l'avons pas trouvé ; nous l'avons cherché dans les principes de 89, et nous l'avons vu proscrit logiquement par la déclaration des droits de l'homme et des devoirs de l'association, — principes clairs, positifs, à la portée des esprits les moins cultivés. Cependant, à l'état de fiction ou à l'état réel, il existe, on ne le sent que trop à ses ravages. Puisque nos recherches ont été vaines dans la réalité, tournons nos investigations vers les régions des fictions. La première chimère qui s'offre à notre vue est le droit divin ; plus loin apparaît le droit social. Il nous faut les passer en revue tous les deux et examiner s'ils ne seraient pas de la même famille.

Une tendance naturelle de l'homme est de reculer le

plus loin possible les limites de ses libertés, sources de sa force et de sa puissance ; et, si sa faculté justicière est dominée, étouffée, cette tendance prend les proportions de la passion sans frein. L'individu plus fort que ses semblables et moins juste, a voulu augmenter sa puissance, sa liberté, par leur assujettissement; il a combattu, il a façonné des sujets, des esclaves. Dominer toujours par la force est chose contre nature ; le guerrier le plus actif aime le repos à son heure; il fallait donc travailler à dominer l'esprit, à corrompre les consciences, à dépraver l'œuvre de la nature, et, en même temps, à organiser des croyances qui légitimeraient le triomphe de la force : on eut recours aux fictions.

« Vous n'êtes pas libres, dit le vainqueur aux vaincus; moi seul suis libre. Dieu nous a fait naître, moi pour commander, et vous pour obéir. Ma liberté, mon droit est d'essence divine, et a pour corrélatif le devoir d'obéissance qui vous est imposé. » — Fiction !

« En recevant ce droit divin, j'ai reçu également la faculté de le transmettre à mes descendants. » —Fiction !

« La justice est un besoin de l'homme, mais elle n'est pas en vous ; vous n'avez pas de faculté justicière ; moi seul ai reçu de la Divinité la faculté de rendre justice ; je suis l'*Autorité.* » — Fiction !

« Mes ordres seront des lois; j'en forgerai sur tout et à foison. Comme je vous maintiens dans une ignorance qui m'est utile, il vous sera impossible de connaître toutes les lois, et, ceux qui seront poursuivis auront peut-être l'audace d'arguer de leur ignorance. Pour parer à cette difficulté, je pose en tête de mes lois cet axiome : Nul n'est censé ignorer la loi. » — Fiction !

« Dieu m'a transmis également le droit de châtier mes sujets. Mon droit de punir est aussi étendu que ma liberté, dont il découle. Il pourra s'étendre du carcan à la potence. » — Fiction !

« J'ai reçu de la Divinité non-seulement le droit de justice, mais encore la faculté de déléguer, par donation ou vente, mon droit de justice. Ceux qui auront acheté ce droit divin recevront la faculté divine de le transmettre à leurs descendants. » — Fiction !

« Les roturiers, les esclaves transmettront à leurs enfants les stigmates de leur infériorité, ce virus de la roture, cette tache indélébile que moi seul ai le droit d'effacer. » — Fiction !

« L'homme n'a de compte à rendre qu'à ses semblables, et vous n'êtes pas mes semblables. Je n'ai de compte à rendre qu'à Dieu, à ma conscience et à la postérité. »

Ce compte rendu à Dieu n'était pas bien difficile : « il est avec le ciel des accommodements.» Les comptes avec la conscience étaient plus délicats, car nous savons que la faculté justicière est la dernière qui s'éteint dans l'homme, même chez le forçat. Elle peut être aisément faussée ; déracinée, jamais. C'est ce qui nous explique comment se sont élevés quelques bons rois, malgré leurs institutions. Nous ne parlons pas du compte de gestion fait à la postérité. C'est là une fiction évidente, spirituelle, dira-t-on? d'accord, mais qui témoigne d'un profond mépris pour les vivants. Somme toute, toujours fiction !

Le despotisme a emprisonné l'esprit humain dans un million de fictions de cette nature. Comment, sous l'étreinte de cette camisole de force, le cerveau du pauvre homme n'est-il pas resté pour toujours atrophié? La puissance de la nature est supérieure à celle de l'homme. Du reste, reconnaissons que si l'édifice était diabolique, il ne renfermait pas pour cela, nécessairement, le diable. Le génie de l'humanité éclatait de temps à autre, s'élevait dans la couche ténébreuse et perçait la voûte. Il retombait mutilé, mais qu'importe? La brèche était faite et laissait passer un rayon de l'éternelle justice, qui réchauffait les moins engourdis. La génération conçue à la chaleur de ce rayon, portait en elle des tressaillements indicibles, qui se communiquaient de proche en proche et annonçaient la délivrance. Écoutez les grands hommes d'un siècle, entendez frémir la génération qu'ils ont élevée. Ceci nous apprend que l'homme naît meilleur que ses institutions. Des monstres peuvent créer la torture et l'imposer aux faibles, mais le trésor des tenailles, de l'écartellement et du fer rouge est un héritage qui ne se transmet jamais intact, pas plus que l'art d'imposer de sottes fictions. De même que les augures perdent bientôt le courage de se regarder sans rire, de même aussi la force manque vite aux bourreaux pour se saluer sans honte, tant le sentiment de la dignité est vivant dans l'homme. A certaines heures, trop rares, nos ancêtres ont entrevu cette supériorité du droit et de la puissance individuels sur les institutions même dites divines. Ils ont dit, en parlant d'un magistrat, qu'un noble cœur et un esprit élevé apportait à l'institution de la magistrature plus de dignité, de force et de gloire qu'ils n'en recevaient d'elle. On constatait le fait, mais on n'en tirait aucune conséquence. Créer des institutions qui eussent protégé le libre épanouissement des énergies individuelles paraissait un danger. La timidité des uns, l'intérêt des autres se masquaient sous des manières d'aphorismes dans le genre de celle-ci : « Il faut mettre les institutions en harmonie avec la faiblesse du temps, suivre le chemin battu des traditions, et atteindre le progrès par des réformes lentes mais sûres. » Traduisez : il faut passer par des siècles de fictions pour arriver à la vérité ; il faut longtemps maintenir la torture pour arriver à l'abolition de l'échafaud.

Le droit individuel répond : Non, *il ne faut pas*, ce n'est pas nécessaire.

« Confiez-moi l'éducation d'un peuple pendant dix ans, disait un philosophe, et je vous soulèverai le monde. » Celui-là n'aurait enseigné que les principes de 89 ; cela suffisait, pour que les institutions devinssent promptement égales à l'homme, et toujours en harmonie avec ses progrès dans la recherche du juste.

Une fiction ne se réforme jamais : qu'on essaye donc de réformer l'histoire de Croquemitaine ou celle du sang de saint Janvier ! Elle se dissipe comme un mauvais rêve avec la lumière du jour, et, ceux qui en font l'instrument de leur puissance la conservent jusqu'au jour de la catastrophe. L'histoire du droit divin nous en fournit la preuve; voyons si le droit social n'a pas même origine et même destin.

Aucune république dans l'antiquité n'a proclamé les principes de 89; aucune n'a déclaré que tous les hommes étaient libres; une société sans esclaves semblait chimérique, aucune, par conséquent, n'admettait l'égalité. La plupart des républiques n'admirent même pas l'égalité entre les citoyens; des castes hautes et basses se partageaient le pouvoir.

La solidarité de tous les membres était exclue par là même.

La solidarité de tous les peuples libres était également repoussée. Il ne nous est parvenu aucune constitution qui ait proclamé, comme la Constituante, qu'on s'interdisait toute guerre de conquête et toute atteinte à la liberté d'aucun peuple.

Ces républiques, méconnaissant les vérités simples, tangibles, pour ainsi dire, contenues dans la déclaration des droits de l'homme, du droit individuel, devaient chercher ailleurs une base de leur constitution. Où la trouver? où puiser l'origine des rapports de chacun des membres vis-à-vis de l'association, et de l'association vis-à-vis des sociétés étrangères? Était-ce dans la liberté individuelle? Non. Une partie des individus étaient esclaves; les citoyens mêmes n'étaient pas égaux entre eux; la solidarité des peuples était repoussée comme celle des citoyens. Le principe de ces rapports, le droit, ne pouvait donc être pris dans la réalité de la nature. Restait le chemin des fictions ; on le prit forcément ; mais comme on repoussait l'arbitraire d'un seul, la monarchie, la fiction du droit divin, on eut recours à la fiction voisine, le droit social.

Dans le domaine de cette fiction, suivit-on exactement les mêmes raisonnements et la même route que le droit divin ? Examinons.

Qui sera libre ? qui commandera ? qui aura la souveraineté ?

Les classes les plus puissantes répondent que la faculté de commander leur appartient, mais qu'elles consentent à partager cette faculté avec les classes inférieures, — en se réservant naturellement la grosse part.

En vertu de quel principe ?

En vertu du principe constitutif de la nation, organisée pour la plus grande gloire de la patrie et le bonheur de tous, en vertu du *droit de la société* de mettre ses institutions en harmonie avec les besoins de son époque. — Fiction, moins claire encore que celle du droit divin !

La constitution pourra-t-elle se modifier dans sa base, ou les esclaves resteront-ils à la chaîne, et les patriciens aux honneurs ? Quel principe rend cet ordre immuable ? Le droit social. — Fiction !

D'où vient que telle classe aura seule le droit de rendre justice et de transmettre ce droit à ses descendants ? En vertu du droit social. — Fiction !

La loi sera l'expression de la volonté générale ; mais qu'est-ce qu'une volonté générale dans une société de

maîtres et d'esclaves, et de maîtres inégaux entre eux?
Ce sera les décrets de la majorité des classes dominantes.
Volonté générale! — Fiction!

Sur quoi sera fondé le droit de faire des conquêtes?
Sur le droit social. — Fiction!

Le droit de punir n'aura pas d'autre origine.

Le droit divin disait à son sujet : Ma majesté a besoin
de ta mort : j'ai le droit de te dire : Tu vas mourir.

Le droit social dit au citoyen : La société a besoin de
ta mort; j'ai le droit de t'envoyer à la mort.   .

Ils étaient tous deux, à des titres différents, des faus-
saires de la conscience humaine; l'un plus fourbe et
plus sanguinaire; l'autre moins hypocrite, plus contrôlé, fournissant moins le *panem et circenses*, mais
aussi abrutissant pour les masses et aussi féroce. Tous
deux devaient périr, parce que la réalité, la vérité, seules,
doivent régner sur terre.

Le droit social a eu des jours moins mauvais, il a
même tenté des réformes, mais sa tentative devait retomber sur lui-même : une fiction ne se réforme pas, elle
disparaît, et le régime du droit social ne voulait pas
disparaître.

Le droit divin se prêtait à mille formes; il était absolu,
tempéré, tyrannique, modéré, paternel, théocratique
ou mécréant : la fiction se pliait à tout.

Le droit social était aussi commode que son frère; il
se faisait république, démocratie, oligarchie et autre
chose, à l'occasion : rien n'est flexible et solide comme
une fiction !

Jamais ni l'un ni l'autre ne tournèrent l'esprit humain vers la justice; jamais on ne vit sur un monument de l'un d'eux cette affiche : « Cours de justice, libres, publics et gratuits; » mais tous deux enseignaient soigneusement, l'un le droit divin et l'autre le droit social. Le téméraire qui osait, respectueusement, au nom du droit individuel, émettre des doutes sur l'origine de ces fictions, était à l'instant poursuivi. Celui-ci l'accusait de vouloir déraciner dans ses fondements Dieu, la famille et la propriété; celui-là l'incriminait pour avoir voulu saper dans leurs bases la Société, la famille et la propriété; le droit divin l'appelait blasphémateur et le brûlait; le droit social le nommait perturbateur des bonnes mœurs, et lui enlevait l'eau et le feu, l'exilait.

Cours par l'humanité, pauvre droit individuel, brûlé par l'un, proscrit par l'autre, voué par tous deux aux gémonies! Leur haine fait ta force et t'affirme ta réalité; si tu es l'effroi de la fiction, c'est que la vérité fait peur. Que t'importe le bûcher, tu renaîtras de tes cendres, tu es immortel! Mais, veille bien dans l'exil, parce que c'est là où tu te replieras sur toi-même; c'est là où tu prépareras, pour ton heure, la déclaration des droits de l'homme. Ce jour-là, songes-y bien, tu pourras faire table rase de tout le passé sans être taxé d'ingratitude; tu ne devras rien à personne, pas même ta langue, car tu proféreras ces mots inconnus au passé : « droit individuel, obligations sociales; » toi, le premier au monde, tu placeras au frontispice de la plus grande salle de la cité : *Cours libres, publics et gratuits : enseignement de la jus-*

tice. Surtout, ne prends pas la langue du passé : elle est corrompue, elle te corromperait toi-même ; et, que les forces vives de ton règne se tournent vers la chose nouvelle, la caution de ton triomphe ; la recherche du juste.

La faute de 89.

La révolution de 89 avait-elle réuni et proclamé les principes fondamentaux de la société humaine?

Oui, certes! Si des reproches pouvaient être adressés à la forme et à la méthode, au fond rien ne manquait.

En effet, nulle fiction, nul outrage à la vérité ; rien qui ne fût net, réel, simple, tangible.

Les hommes naissent également libres : tel est le cri de la nature.

La liberté de chacun a pour limite la liberté d'autrui : telle est l'application d'une maxime inattaquable : « Ne fais pas à autrui ce que tu ne voudrais pas qu'on te fît. »

Les hommes sont solidaires : fais aux autres ce que tu voudrais qu'on te fît.

Mais l'homme ne peut seul secourir tous les enfants abandonnés, nourrir tous les vieillards, donner l'instruction, l'outil et le travail à ceux qui n'ont pu les conquérir par leurs propres efforts? C'est pour cela que la nature a fait l'homme pour vivre nécessairement en société.

Au moyen de l'association, dit la nature, tu pourras offrir à tous l'instruction la plus étendue, et accomplir ainsi le devoir de solidarité : fais à autrui ce que tu voudrais qu'on te fît.

L'association te fournira la puissance de nourrir les infirmes, de recueillir les enfants abandonnés, de distribuer la justice que tu dois et qui t'est due, d'accorder l'outil et le travail aux efforts infructueux, et ainsi, tu pourras faire à autrui ce que tu voudrais qu'on te fît.

Afin de rendre justice, tu choisiras les meilleurs parmi les tiens ; les uns écriront les règles, les lois de cette justice, les autres l'appliqueront. La loi exprimera la volonté de la majorité des mandataires législateurs, comme la sentence du tribunal exprimera la volonté de la majorité des juges ; tous devront obéir à cette loi ; mais comme la majorité aura pu se tromper, tous aurons la liberté de critiquer la loi, d'en signaler les vices, d'en provoquer la réforme. Grâce à l'instruction, si la loi est vicieuse, la minorité se changera vite en majorité et réparera la faute commise. Le travail et le développement de la faculté justicière conduiront les hommes à se diviser par groupes, qui choisiront chacun leurs législateurs et leurs juges ; les groupes se réuniront pour nommer des mandataires justiciers, arbitres d'appel pour les individus comme pour les minorités de chaque groupe.

Jusque-là pas de chimères; pas de fictions, ni de droit divin, ni de droit social; principes clairs et positifs, conséquences justes; la Révolution pouvait marcher sans secousses et sans désastres. Que restait-il à ajouter? Rien. Elle ajouta, elle se perdit.

La Révolution conservait bien le roi, à titre de mandataire étroitement enchaîné dans ses obligations, comme tout mandataire, mais par là même, et comme conséquence logique de la déclaration des droits de l'homme, elle effaçait la fiction, la souveraineté du droit divin. Elle se demanda : Par quoi allons-nous remplacer cette souveraineté?

Elle avait oublié le mot de Voltaire : « Comment, s'écriait-il, si j'ai bonne mémoire, un monstre se dresse devant moi pour me dévorer, je me défends, je le tue, et vous me demandez par quoi je vais le remplacer? — Je ne le remplacerai pas. » La Révolution, erreur incompréhensible! crut qu'il fallait remplacer la souveraineté du roi par celle du peuple, le droit divin par le droit social, une fiction par une autre fiction, un minotaure par une hydre aux millions de têtes; elle cria : Vive le peuple souverain! Elle s'empoisonna.

Le peuple est souverain : fiction !

La loi est l'expression de la volonté générale : fiction !

Le roi fera serment d'être fidèle à la nation et aux lois; il se sera *dévoué* : fiction pour la première partie; et, si la loi est injuste, abdication de la justice, du droit individuel; il ne devra pas seulement obéissance avec liberté de protestation, il est *voué*. Les autres mandataires

aussi seront *voués;* ils ne seront plus libres de ne pratiquer que des choses justes ; violation flagrante de la déclaration des droits de l'homme : « Les hommes demeurent libres. »

La nation *renonce* à faire des guerres de conquêtes.
Renoncer à quelque chose, c'est dire implicitement qu'on
avait un droit sur cette chose, c'est la reconnaissance du
droit de conquêtes : droit social, fiction, violation du
principe de solidarité des individus comme des peuples !

Les citoyens ont le *droit* de nommer leurs représentants. Comment? Ils sont donc libres de les nommer ou
de n'en rien faire, de se rendre mutuellement justice, ou
de se renfermer dans leur égoïsme? S'ils sont garants
de leur liberté, de leur justice, de leur solidarité, ils ne
possèdent pas le *droit,* mais ils ont l'impérieuse *obligation* de choisir leurs législateurs pour faire la loi, et leurs
jurés pour rendre la justice. Quelle logomachie, et où
conduira-t-elle?

Elle conduira où conduisent toutes les fictions. La
royauté et l'inquisition avaient fauché les hommes comme
une moisson, au nom du droit divin; bientôt le droit
social continuera la tâche, créera la guillotine, les comités de salut public, la Terreur. La justice retom-
bera comme toujours au rang d'accessoire, au lieu d'être
la chose essentielle; elle restera sous la main du *souverain,* et sera son plus ferme instrument; le citoyen ne
sera rien en présence de l'être collectif; toutes les garanties individuelles disparaîtront devant la raison d'État,
le droit social. — Retourne en exil, malheureux droit

individuel, si toutefois tu peux atteindre la frontière,
car le droit social a conservé avidement le droit de punir
et le droit de grâce; mais il use peu du second.

Rechercher les causes de cette hallucination de 89 est
l'affaire des historiens. Nous nous contenterons de signaler les sources d'erreurs qui apparaissent au premier
plan. L'étude des républiques anciennes avait laissé de
vives impressions dans l'esprit de nos pères; l'enthou-
siasme semble avoir eu trop de prise dans leur imagination; les grandes vérités furent, chez beaucoup d'entre
eux, plus à l'état de nobles instincts qu'à l'état de sentiment réfléchi; ils ne mesurèrent pas tout le danger qu'ils
devaient courir en puisant des modèles d'institution dans
les républiques où la liberté, l'égalité, la solidarité n'a-
vaient pas existé, étroitement unies; l'histoire d'alors
était trop mal faite pour qu'ils aient pu reconnaître dans
l'oubli des principes la cause de la décadence des anciennes républiques, et ils attribuaient à d'autres causes
les raisons de leurs chutes; les historiens n'avaient
pas généralement compris combien l'habitude de l'injustice était, pour une société, le plus actif des dissolvants.
De nos jours, les progrès sur cette matière ont été ra-
pides, et nous avons vu, en 1843, M. de Tocqueville
prophétiser avec assurance la guerre qui ensanglante
aujourd'hui les États-Unis. L'histoire, jusqu'au siècle
dernier, était plus propre à fournir des armes aux régimes
du droit divin et du droit social qu'à celui du droit
individuel.

La ruine des municipalités du moyen âge entraînait
de graves périls pour la révolution de 89. Le sentiment
du droit ne se développe qu'avec le travail et l'enseignement pratique de chaque jour; il doit, pour s'élever, se
transmettre comme un héritage et grandir à chaque
génération. Les historiens, et notamment M. Bardoux,
dans son beau livre : *De l'Influence des légistes*, ont fait
ressortir combien les avantages de la centralisation
avaient été diminués par la perte des connaissances
pratiques du droit. (Voy. note C.)

Les grands hommes de 89 n'étaient donc pas suivis
par une masse capable de les comprendre, et le temps
manquait pour instruire.

Enfin, une troisième cause du désastre doit être rejetée
sur les théories de Jean-Jacques Rousseau. Montesquieu,
quoiqu'il y fût convié par les études de toute sa vie,
n'avait pas donné un traité des rapports du citoyen avec
l'État, dans une société d'hommes libres. L'histoire des
Troglodytes, et maints chapitres de *l'Esprit des lois*,
prouvent qu'il avait bien entrevu que la solution du problème était dans la justice; mais ils établissent en même
temps qu'il avait soigneusement éludé la question. Les
philosophes de *l'Encyclopédie* s'étaient montrés fort savants, mais fort perplexes; il suffit, pour s'en convaincre,
de lire *l'Encyclopédie* aux mots *Droits, Devoirs.* —
Voltaire avait suivi la prudente réserve de Montesquieu;
il évita même d'écrire un article quelconque dans son
Dictionnaire philosophique, au mot *Droit.* D'ailleurs,
Voltaire s'était principalement attaché à démolir, et s'ac-

quittait scrupuleusement de son emploi ; il ne prévoyait pas que le temps d'édifier fût si proche.

Jean-Jacques mit malheureusement la main à cette besogne. Pour combattre le droit divin, il ressuscita le droit social ; il retourna la théorie de Machiavel, il arracha la souveraineté au roi, pour la remettre aux mains de l'être collectif appelé société. Il immola à cette souveraine le droit individuel avec autant de folie que Machiavel dans son système. L'acteur seul était changé[1], la fiction restait sur son piédestal, et peu après elle alla se glisser dans la déclaration des droits et y déposer son germe de mort. Bientôt l'on criera : L'intérêt social est la loi suprême ; l'individu n'est rien, et la justice n'est que l'exécuteur des hautes œuvres du droit social ! 93 arrive, tout sera à recommencer.

L'esprit est impuissant à concevoir un plus horrible despotisme que celui de telles fictions, et, quand on songe que le monde a vécu sous le régime des systèmes de Jean-Jacques et de Machiavel (avant comme après eux), on s'explique tous les déchirements de nos sociétés modernes. On les a fait marcher la tête en bas et les pieds en l'air ; cette position prolongée pousse aux convulsions et à la fièvre chaude.

Proclamons-le à haute voix, pour le présent et pour l'avenir, le droit social n'existe pas, parce que nul n'a

---

[1] M. Élias Regnault, dans son livre *la Province*, a clairement démontré la parenté qui unissait ces systèmes jumeaux.

pu donner à l'être collectif la faculté d'agir ou de s'abstenir à son gré, signe distinct du droit.

Le droit social n'existe pas, parce que l'être moral, la société, existe pour l'individu et non l'individu pour elle ; d'où il suit que la puissance du souverain, le droit, appartient à l'individu, tandis que le devoir est le caractère unique de la société. Le développement des forces physiques et morales de l'individu étant le but de l'homme sur la terre, la société n'est qu'un moyen créé pour la protection des droits de l'individu.

Le droit social n'existe pas, parce que si l'on doit juger l'arbre par ses fruits, un pareil privilége conduit aux monstruosités, au despotisme des majorités insolentes ou des folies démagogiques, à l'éternel esclavage des minorités, au plus redoutable des fléaux : la guerre civile.

Le droit social n'existe pas, parce qu'une société n'est fondée que sur des devoirs mutuels à remplir, sur les devoirs mutuels de contraindre chacun à exécuter ses obligations et que ces devoirs ont précisément pour corrélatif le droit individuel de chaque associé d'exiger, si bon lui semble, l'accomplissement des devoirs de tous.

Le droit social est une négation de la conscience de l'homme ; il n'a été que l'exécuteur des hautes œuvres de toutes les bêtes fauves qui ont passé sur la terre. C'est en leur nom que Machiavel a écrit : « Le prince a droit de dire à son sujet : J'ai besoin de ta mort, meurs ; » c'est en empruntant leur voix, que J. J. Rousseau a écrit : « La société a le droit de dire à l'individu : J'ai besoin de ta mort, tu vas mourrir. »

Il serait grand temps de flétrir à jamais le droit social, et de clouer, comme un oiseau de proie, cette enseigne de l'orgueil des despotes et de la honte des peuples, sur le tombeau des Césars et des Robespierre.

XI

Du caractère de la société la plus élevée en civilisation.

La vérité est féconde et projette une vive lumière partout où elle passe : Si nous ne l'avons pas quittée dans l'examen de ces diverses questions fondamentales, nous pouvons, sans crainte, chercher à découvrir quel sera le caractère de la société la plus élevée en civilisation.

La première nation du monde sera toujours celle qui, au nom du devoir social, fera le mieux respecter en tous lieux les droits individuels de ses nationaux ; pour remplir ce devoir, elle ne reculera devant aucun obstacle ; pour faire rendre justice au dernier de ses concitoyens, elle n'hésitera pas à réunir des forces imposantes, dût sa fière réclamation l'exposer à des désastres et mettre le monde en feu.

Le sentiment du droit chez l'individu est la source la plus féconde du progrès; il double les forces et l'existence, il économise le temps, éloigne les démarches courtisanesques auprès des représentants du pouvoir; il sauve de l'amour des combinaisons longues et astucieuses et conduit rapidement au but. Entre les citoyens de deux sociétés où ce sentiment existe à des degrés éloignés, la différence apparaîtra même dans le style.

Prenez-les, par exemple, dans leurs rapports avec leurs ambassadeurs : l'un écrira : « Monsieur l'ambassadeur, je viens *réclamer* votre prompte intervention à l'effet de, » etc.

L'autre : « Monsieur l'ambassadeur, je viens solliciter de votre extrême bienveillance la faveur inestimable de votre puissante intervention à l'effet, » etc.

Le premier sait qu'il a un droit, il le réclame; il a appris dès sa naissance que la société est faite pour l'individu, qu'elle n'a que des devoirs et que l'individu seul a des droits.

Le second appartient à une nation où l'individu semble fait pour la société.

Le premier s'adresse poliment à son mandataire;

Le second courbe gracieusement l'échine devant son maître.

Celui-ci est fier; son langage est ferme et précis : c'est celui de la justice;

Celui-là est plat ; son langage est timide : c'est celui
de l'esclave du droit social ou du droit divin.

L'un connaît son droit et en est comme imprégné ;
L'autre l'ignore ou, qui pis est, ne le sent pas.

Je n'ai pas à juger ici notre époque, — notre travail
doit rester étranger à la polémique, — mais ceux qui se
livrent à ces sortes d'études, mesureront facilement les
progrès que nous avons pu faire, depuis environ trente
ans, en relisant le jugement porté sur nos mœurs par
M. de Rémusat, dans le journal *le Globe*.

« Il n'est rien, écrivait-il, en 1829, que n'excuse maintenant, même aux yeux de tous les partis, la crainte de
se compromettre. La crainte de ce danger s'avoue sans
honte ; la prudence est devenue la première vertu ; la timidité même est excusée. Une opinion toute pleine de
lâcheté s'est répandue ; elle a gagné jusqu'aux âmes honnêtes. Elle a dit à tous : Ménagez votre position. Triste
effet de l'ébranlement donné à tous les caractères et à
toutes les convictions, par quarante années de vicissitu-
des politiques ! Triste effet de cet amollissement moral
que commencèrent la Terreur et l'Empire, et que viennent d'achever les préjugés de cour et les doctrines jé-
suitiques ! De là est résulté un esprit de servilité dont je
ne connais pas d'autre exemple, parce qu'il s'allie avec
le bon goût et les belles manières, avec l'esprit, la vanité, l'honneur même ; c'est un mélange de respect pour
la force et pour les convenances ; c'est le produit de l'in-

térêt qui calcule et de la raison qui doute, de la peur qui se ménage et de la médiocrité qui s'humilie ! et, chose étrange, un tel avilissement n'a ni l'allure, ni la renommée d'un vice. Tout au contraire, on en fait cas, c'est un devoir que le père recommande à son fils. L'expérience le prêche à la jeunesse ; l'indulgence seule excuse parfois ceux qui y manquent, et le courage a besoin d'apologie et de pardon. »

Les effets de la maladie sont rendus d'une façon saisissante ; la Bruyère eût envié cette description ; mais M. de Rémusat se trompe sur les causes. La Terreur et l'Empire ne furent pas des causes, mais bien des effets. L'éminent écrivain a dû, depuis qu'il écrivit cette page, reconnaître son erreur.

Veut-on prévoir l'avenir d'un peuple? qu'on examine ce qu'il fait du droit individuel, ce que vaut sa justice, comment il comprend la solidarité.

Étudiée à ce point de vue, la révolution, malgré ses sublimes élans, créait la Terreur et l'Empire. Tout droit social aboutit là.

LIVRE II

DEVOIRS

DU

SUFFRAGE UNIVERSEL

AVANT L'ÉLECTION

I

Devoir du suffrage et non pas droit du suffrage. — Voter est faire acte de justice obligatoire.

D'où vient cette locution, droit du suffrage ?

Elle tire son origine du droit divin et du droit social.

Sous le régime de ces deux fictions la faculté de choisir les hommes appelés à rédiger les lois, et les magistrats chargés de les appliquer, constituait un attribut de la souveraineté. Les privilégiés des deux régimes jouissaient de cette liberté selon leur bon plaisir ; leurs majestés souveraines usaient de leur *droit*. Les fictions s'enchaînaient avec logique dans les anciennes sociétés ; mais depuis 89, tous les hommes ayant été déclarés également libres, et le droit social ayant persisté à vouloir se maintenir malgré l'abolition des priviléges, il s'ensuivit une confusion inexprimable d'idée et de langage. Nous reproduisons (Note D) plusieurs fragments qui témoignent du chaos dans lequel s'agitaient les meilleurs esprits. « La souveraineté, disaient-ils, appartient désormais à la nation ; si la nation est souveraine, tous ses membres ayant hérité des attributs de la souveraineté ont nécessairement le droit du suffrage. Mais les mineurs, les pauvres diables, les femmes, ont-ils ce droit ? Ne font-ils pas partie de la nation ? Ne participent-ils pas aux charges publiques ? Le droit du suffrage étant un apanage de la souveraineté ne peut être enlevé à personne, sans outrage à la logique, sans attentat à la souveraineté ? Cependant, nous sommes effrayés de la route où nous entraîne la logique ; nous voilà enfermés entre l'absurde d'une part, et une profonde injustice de l'autre, comment sortir de cette impasse ? »

Ils ont eu beau chercher une issue, elle n'existait pas, et ils sont restés dans l'impasse.

Les plus habiles refusaient d'entrer dans cette voie obscure et escamotaient la difficulté avec une souplesse plaisante. Bentham, arrivé à la question du droit des femmes, se voit forcé de reconnaître qu'il ne trouve aucune raison valable de les décapiter de leur souveraineté électorale, mais il s'empresse d'ajourner la question à une autre époque. — Reculer devant une question de justice? — Sans doute! A demain les affaires sérieuses!

Le géant de 89, après s'être élevé à la déclaration des droits de l'homme, tomba en 91 dans le droit social. Cet actif dissolvant gagna vite tous les principes; au jour de la question électorale il avait déjà donné le vertige; *le devoir du suffrage* se dressa devant le malade avec des formes fantastiques; le devoir se présenta à ses yeux sous la figure du bâton, du fouet, de la prison, du boulet, du carcan, de la marque, de la torture des oubliettes ; c'était une vision de l'ancien régime, horreur! On écarta la vision et on suivit une série de raisonnements où le délire le dispute à la raison : « Le peuple a pris la place de la royauté, il est donc devenu souverain, il doit prendre son langage et dire comme lui, mon droit ! Le peuple serf était obligé de payer les contributions; mais le peuple souverain n'a pas de devoirs, proclamons donc que les citoyens *ont le droit* de payer les contributions — très-bien ! ce n'est pas tout, le souverain s'arrogeait le privilége de désigner les législateurs et les jurés, ce droit appartient désormais à sa majesté populaire. Comment organiserons-nous l'exercice de ce droit? Tous les citoyens étant libres et égaux sont souverains et leur droit est imprescriptible; nous l'avons buriné sur la table d'airain de la déclaration des droits; décider autrement serait injuste ; réfléchissons cependant... Laisserons-nous ce droit aux va-nus-pieds ? La question est grave ; craignons le ridicule, soyons dignes !... Non, vraiment ! le droit glorieux du suffrage ne saurait se prélasser sans sou ni mailles; un souverain en guenilles! Quelle inconvenance! Allons! Biffons la déclaration des droits de l'homme et du citoyen, et décrétons que nul ne sera électeur aux assemblées primaires, s'il n'est pas assez riche pour payer des impositions égales à trois journées de travail. — Il faut avoir *le droit de payer* tant de contributions pour être électeur, tant pour être éligible ; la cote du receveur distribuera la souveraineté électorale, la capacité, le talent, le courage, la vertu. »

Honte et dérision ! Et quel enseignement ! Toutes ces extravagances étaient inévitables ; elles suivaient les lois de l'inflexible logique du droit social ; les fictions ont des engrenages solides : placez-y la main, en un tour de roue, tout le corps y passe.

La vérité selon les principes de 89 apparaissait pourtant simple et réelle. Nos pères ne l'eussent jamais méconnue, s'ils avaient pris la précaution d'écrire un seul mot, qui sera le cri de ralliement de l'avenir : Pas de fictions !

Si les hommes sont nés également libres, solidaires, si le but de leur association est la garantie des droits naturels de l'individu, il en résulte nécessairement que tous les associés contractent l'obligation impérieuse de se rendre justice.

Par quels moyens organiseront-ils leur justice ?

Par la nomination d'arbitres auxquels seront confiés

différents mandats. Les uns seront choisis pour écrire la loi, les autres pour appliquer la loi écrite; les premiers, dits législateurs, édicteront la loi à la majorité des voix; les seconds, dits magistrats, rendront leur sentence selon les règles de la loi, également à la majorité des voix.

Quels sont ceux qui choisiront ces différents arbitres?

Tous les associés capables auront l'obligation étroite, positive, de participer à ces élections. Ce devoir social est rigoureux; c'est un apport social qui doit être effectué par tous. « Nous sommes tous garants solidaires de nos libertés individuelles, » dit 89; nous sommes tous également garants de notre justice; le *droit* de chacun à la justice implique le devoir de tous les associés de travailler à rendre, ou à faire rendre cette justice. — Électeurs, jurés, législateurs, tous ces titres révèlent des fonctions de même ordre, n'ayant qu'une seule origine : obligation sociale de garantir la justice au droit individuel, seul droit véritable, seul reconnu depuis l'évanouissement des anciennes fictions.

Répétons-le bien haut : le devoir de choisir les mandataires chargés de veiller au salut de tous est une obligation sociale. Si un citoyen méconnaît cette loi de création, ce lien étroit de solidarité; s'il refuse le concours de sa pensée, de ses lumières, de son vote, quel droit de protection et de secours peut-il revendiquer légitimement? S'il foule aux pieds son premier devoir, quels seront ses titres à invoquer le moindre droit pour sa personne et ses biens?

Quelles inconséquences tourmentent notre cervelle!

Nous trouvons juste qu'un citoyen ait le droit de nous assigner en témoignage, de nous faire perdre notre temps, de nous déranger de nos affaires, pour déclarer devant la justice si nous avons vu un prévenu voler des raisins ou des pommes de terre. Nous trouvons juste que la cour d'assises frappe d'amende le juré qui n'est pas à son banc pour juger une malheureuse servante accusée d'avoir volé les hardes de sa maîtresse... et nous avons grandement raison en pensant ainsi : le premier droit de chaque associé est de réclamer justice et protection.

Mais, si tel est l'empire du devoir pour la sauvegarde d'aussi minimes intérêts, combien doit-il être rigoureux en face du suffrage universel, lorsqu'il commande de nommer des représentants qui seront la force ou la faiblesse, l'illustration ou la honte de la nation! On se sent pris involontairement d'un serrement de cœur en voyant méconnaître la plus éclatante vérité de la raison et de la conscience! Entre les mains de ses mandataires vont être confiées les destinées d'un monde! A leur talent sera demandé le développement de la richesse; à leur loyauté, l'honneur, la justice! Leurs moindres actes prendront des proportions énormes; la moindre faute peut causer des ruines, la moindre étourderie dans la rédaction d'une loi peut laisser biffer une liberté, et la versatilité de caractère emportera la dégradation de la foule. Malheur à la Société qui ne proclame pas avec conviction que le plus sacré des devoirs est celui de travailler en commun à placer à sa tête tout ce qu'elle a de meilleur en vertu et en capacité! Celle-là n'a jamais compris 89, et ignore quel est le premier signe de la dignité humaine.

Les auteurs du *Manuel électoral* publié par sept avocats de la cour de Paris semblent partager notre sentiment. « Voter, nous disent-ils dans leur introduction, est pour chaque électeur un grand devoir à accomplir. L'abstention, quand elle a pour cause l'indifférence et l'égoïsme, est coupable ; produite parfois par de plus nobles sentiments, elle est toujours stérile ; l'expérience la condamne. Qui s'abstient s'annule. »

Oui ! voter est un devoir, oui ! l'abstention est coupable. Mais pourquoi octroyer un bill d'excuse à l'abstention motivée *sur de plus nobles sentiments?* Comment de nobles sentiments auraient-ils la vertu de pallier l'infraction à un devoir? D'où vient une pareille faiblesse? Je comprends les réserves qu'imposent une délicatesse exquise et le respect des infortunes, mais elles cessent d'être louables quand elles vont jusqu'à altérer un principe absolu.

Autre regret plus vif. Comment des talents aussi distingués s'arrêtent-ils, tout à coup, devant la route nouvelle qu'ils viennent d'indiquer du doigt? Si voter est un devoir impérieux, le suffrage n'est donc plus comme autrefois un annexe du *droit social?* Pourquoi ne pas le reconnaître? Pourquoi ne pas proclamer que l'ancienne fiction n'est plus, que le droit individuel est seul légitime et qu'il implique, comme obligation sociale, le devoir de voter?

D'où vient ce devoir qu'ils proclament? Tire-t-il son origine de l'obligation de justice et ne fait-il qu'un avec elle ? Le législateur et le magistrat ne sont-ils que les deux membres d'un même corps, la Justice? Pourquoi ne pas préciser ce point capital? Pourquoi ne pas constater que voter est un acte de justice préparatoire, nécessaire, obligatoire? Comment sept natures vigoureuses, sept forces réunies, n'ont-elles pas forgé à la vérité nouvelle son arme la plus redoutable : la démonstration? J'en appelle à la prochaine édition de leur précieux manuel. Il ne s'agit pas seulement de savoir si on s'annule en s'abstenant : des sots seraient capables de prendre cette pensée comme un appel aux sentiments de gloriole et de vanité, et il faut se défier des sots. La grosse question est celle-ci : Le suffrage est-il un acte de justice préparatoire, oui ou non ? Cette obligation est-elle de même essence que celle du juré?

Si cela est profondément vrai, quels sont ceux qui doivent remplir l'obligation électorale?

Est-il juste de condamner l'électeur qui se refuse à voter, comme on frappe d'amende le juré des assises qui manque à l'appel?

Pour nous, le doute n'existe pas et nous réclamons de MM. les députés un paragraphe spécial à ce sujet, dans leur prochaine adresse.

Le sentiment du devoir est si peu général que plusieurs peut-être m'adresseront l'objection suivante : « Comment est-il possible qu'on puisse être soumis à un devoir social si la loi ne l'a pas ordonné sous peine d'amende et de prison ? Il n'existe pas de loi qui commande de voter, donc pas d'obligation? »

L'oubli des devoirs les plus sacrés n'est pas toujours frappé par la loi. Le code Napoléon fait un devoir au mari d'être fidèle à sa femme, et cependant le mari, pourvu qu'il ne souille pas le toit conjugal par l'entretien d'une concubine, peut impunément violer la foi jurée et peupler les hospices d'enfants adultérins. Nos codes fournissent cent autres exemples de devoirs dépourvus de sanction pénale. L'électeur qui cherche à justifier son indifférence par un pareil raisonnement est aussi à plaindre que le mari dont la conscience puise des apaisements ou des excuses grivoises dans le silence de notre législation. En pareilles circonstances, dans l'un comme dans l'autre cas, c'est à l'opinion publique à suppléer à la loi future, qui déclarera le déserteur du vote passible de dommages-intérêts.

II

L'abstention est une violation des principes de 89. — Le vote par bulletin blanc.

En d'autres temps, les raisons que nous avons examinées auraient suffi pour vider la question de l'abstention. Mais, aujourd'hui, elle a causé une telle effervescence, soulevé tant de passions contraires, que nous l'avons vue porter presque atteinte à de vieilles amitiés. L'abstention est devenue un dogme, l'action un dogme, le bulletin blanc un drapeau sacré. Pour ceux qui sont, comme nous, étrangers à toute passion politique, il importe, au point de vue des principes, d'étudier l'antagonisme qui divise et a toujours divisé les partis vaincus; écoutons avec impartialité leur langage :

Partisans de l'action. —« Qui s'abstient s'annule.

Abstentionnistes. — Qui se rallie à un principe funeste, comptant sur des réformes possibles, se berce d'illusions chimériques, et sa tentative n'a pour résultat que de corrompre les mœurs.

P. — C'est vous-mêmes qui laissez les mœurs se corrompre en vous renfermant dans votre tente; c'est vous qui, par votre silence égoïste, laissez les idées vraies aller à la dérive; c'est vous qui oubliez que les convictions robustes ne sont que les produits des études sérieuses, constantes, des luttes âpres et dignes, et abandonnez au hasard la jeune génération pour laquelle agir est une nécessité; c'est vous qui la privez bénévolement des fruits de votre expérience; c'est vous qui présumez témérairement qu'un parti peut impunément dormir vingt ans sans soucis; c'est votre système qui peut être taxé de chimérique, lorsqu'il espère qu'au jour de l'occasion il pourra se réveiller dans sa force, armé de ses principes, sans songer que pendant vingt ans le monde a pu changer; sans songer que des idées nouvelles ont pu surgir, et que chaque heure a pu enfanter des moyens d'action nouveaux; c'est vous qui, oublieux des lois de l'histoire, pensez naïvement qu'il suffit aux morts de pouvoir ressusciter un beau matin pour transformer le monde des vivants.

A. — Tout principe falsifié est un principe perdu.

P. — Où voyez-vous la falsification des principes? De ce qu'un homme, pesant toute la misère des temps, et dans son impuissance à obtenir *le vrai et le juste*, accepte loyalement la tâche ingrate de travailler à obtenir le *moins mauvais*, pouvez-vous lui faire un crime de son dévouement et condamner ses efforts? Flétrirez-vous Montesquieu et Turgot parce que, après avoir entrevu l'idéal des sociétés humaines dans une république d'hommes vertueux, ils se sont contentés de solliciter des allégements aux souffrances de leur époque?

A. — Nous ne méprisons pas, nous ne flétrissons pas, mais il nous est impossible de partager vos opinions pour deux motifs : 1° Pour nous, nous ne pourrions prêter serment; 2° à nos yeux, le moyen d'action le plus efficace est l'abstention. L'exemple de cet austère sacrifice porte plus d'enseignements que tous les discours. Le silence des hommes justes est la flétrissure de l'injustice.

P. — Pas tant de passions, s'il vous plaît. Raisonnons. Votre réponse renferme implicitement deux larges concessions. Vous avouez que la question du serment est chose purement individuelle et livrée à la conscience de chacun. Nous n'en demandons pas davantage. En second lieu, la cause première, fondamentale de votre abstention est une appréciation de moyens. C'est, dans votre pensée, l'efficacité de ce mode d'action qui vous l'a fait accepter. Là est son vrai caractère. Ne parlons donc plus du principe de l'abstention, puisqu'il n'y a là qu'un moyen. Or, chacun est libre d'apprécier les moyens et de choisir sa voie pour arriver au but, et si le but est noble et généreux, personne ne peut jeter la pierre aux efforts, même téméraires, qui ont pour origine un sentiment honnête. — Allons plus loin maintenant. Nous respectons votre appréciation sans la partager, mais nous vous demandons où et jusqu'où va-t-elle vous conduire? Vous abstiendrez-vous complétement? Refuserez-vous de vous faire inscrire? Refuserez-vous de retirer votre carte électorale? Refuserez-vous de voter même en blanc?

A. — Ce point est plus embarrassant. Ici nous nous partageons : les uns veulent une abstention absolue, les autres se font inscrire et ne votent pas, quelques-uns votent en blanc, tout cela est une affaire d'appréciation individuelle, une question de tempérament où les principes n'ont rien à voir. Chacun use de son droit comme bon lui plaît.

P. — « Question de tempérament ! Chacun use de son droit comme bon lui plaît ! » Qu'est-ce que ce langage? Voilà qui prouve combien le sommeil prolongé est funeste. Vous ignorez donc que, dans l'étude de l'histoire de 89, nous avons fait quelque progrès, et qu'il est maintenant bien avéré que le suffrage universel ne constitue pas un droit, c'est-à-dire une faculté dont on peut user et ne pas user à son gré, mais bien un *devoir*, le plus impérieux des *devoirs*, avec lequel on ne peut transiger. Nul ne peut s'affranchir de cette participation à cette chose publique, appelée jadis : attribut de la souveraineté, définie aujourd'hui de son vrai nom : *devoir social*. Vous n'avez pas le droit de ne pas vous faire inscrire ; vous n'avez pas le droit d'être absent au jour du vote, pas plus que le juré au jour des assises. Votez en blanc, soit ; nous reprendrons ce point tout à l'heure, — mais votez, sous peine d'outrage au premier devoir social ; votez, sinon vous n'êtes plus que des partisans, vous abdiquez votre titre de citoyen.

A. — Et pour qui voter, si l'homme qui représente nos idées est absent ? ou si, prêt a accepter un *mandat offert*, il croit qu'en postulant et affichant sa candidature, il abaisse sa dignité ainsi que le ferait un avocat qui, oublieux des règles de son ordre, monterait sur une borne en criant : « Donnez-moi votre cause à défendre, c'est moi le plus capable, je suis votre homme ! » — Pour qui voter, lorsque dans une circonscription nos convictions ne seront partagées que par cinquante citoyens, c'est-à-dire quand nous aurons la certitude d'un échec ? Quel est le candidat qui voudra s'exposer à la risée en acceptant d'avance une défaite ?

P. — Nouvelle concession implicite : Vous admettez que dans aucun cas vous ne pouvez vous dispenser de voter au moins avec des bulletins blancs. Il est de la plus haute importance que nous soyions d'accord sur cette vérité. Nous vous concédons le vote par bulletin blanc dans les circonscriptions où un candidat libéral n'aurait pas l'assurance d'obtenir un nombre respectable de suffrages, et encore, n'eût-il pas mieux valu préparer l'avenir en désignant le candidat de votre choix? Mais que faites-vous donc du principe de justice, lorsqu'un candidat libéral a besoin de votre concours pour remporter la victoire? Il ne représente pas complétement vos aspirations, d'accord; mais ne suffit-il pas qu'il en représente quelques-unes pour que vous prêtiez secours au groupe qui appuie sa candidature? Vous voulez aller à Bordeaux, tandis qu'ils choisissent un candidat qui ne les conduira qu'à Orléans : est-ce une raison pour ne pas les aider à franchir la route de Paris à Orléans? Votre concours ne les engagera-t-il pas à vous aider ensuite à prolonger le voyage? Tout n'est-il pas chose relative dans ce monde? Est-ce que la liberté absolue, la justice absolue ne sont pas encore loin placées de notre génération? N'est-il pas juste de s'entr'aider? n'est-il pas juste de faire le sacrifice d'une partie de ses opinions personnelles pour reporter tous les suffrages sur le candidat libéral, qui paraît devoir réunir une majorité voulant un progrès, si mince qu'il soit? N'est-ce pas l'essence même du devoir du suffrage? »

Qui ne s'aperçoit que la cause de ces luttes ardentes, entre des convictions également respectables, provient de l'ignorance des véritables principes de 89. Le mot *abstention* lui-même est encore un héritage du *droit social*, du *droit du suffrage*, et n'avait de sens que sous le régime des priviléges. Pour les privilégiés, celui qui avait droit de voter avait droit de s'abstenir. Pour nous, toutes ces théories disparaissent ; si les hommes sont également libres et solidaires, si la première obligation sociale est la garantie de la justice, si le vote est un acte de cette justice obligatoire, l'abstention est coupable comme toute violation d'un devoir social.

Le vote avec bulletin blanc est un vote, et par conséquent le contraire de l'abstention. Il ne comporte pas de signification par lui-même ; sa valeur et sa signification, n'existent que dans la pensée des électeurs ; si cette pensée est bien manifeste, le vote par bulletin blanc peut avoir une portée immense.

Supposons qu'en Russie on organise le suffrage universel, et que, dans une circonscription, le boyard, chargé de présider les élections, exige que les votes soient déposés dans sa poche. Les électeurs, outrés d'un tel acte de despotisme qui enlève au scrutin toute sa sincérité, se décideront, s'ils sont intelligents, à voter par bulletin blanc. La signification de cette mise en demeure faite par l'honnêteté à la déloyauté, sera comprise par les esprits les plus bornés. Si les bulletins blancs sont en grande majorité, le boyard sera contraint d'abdiquer et de s'enfuir devant le soulèvement légal de l'indignation publique.

Au second tour du scrutin, quelle conduite doivent tenir les électeurs qui ont voté avec bulletin blanc ? Les principes posés plus haut résolvent nettement la question. Nommer de bons législateurs est une obligation sociale ; la minorité, impuissante à élire l'homme de son choix, a voté avec bulletin blanc ; au second tour de scrutin elle doit réunir ses voix sur la tête de celui qu'elle considère comme moins mauvais. Elle ne doit persévérer dans son vote avec bulletin blanc que dans le cas extrême où elle se trouverait en présence d'un candidat radicalement hostile aux idées de justice, de progrès, de solidarité, qui sont la base de l'obligation du suffrage universel.

La dignité d'un homme libre et avancé en civilisation ne s'abaisse-t-elle pas en briguant le mandat de député ? N'y a-t-il rien de choquant à voir un citoyen s'en aller, riche mendiant, frapper de porte en porte, distribuant ses bulletins, exhibant ses talents, faisant sonner ses titres, étalant ses vertus, et par-dessus tout décriant son compétiteur, rabaissant ses mérites, l'appelant pauvre sire ou candidat de la misère ?

Cette question sera peut-être vivement débattue dans quelques années. Aujourd'hui elle serait inutile en présence de la faiblesse des temps.

Il est probable qu'autrefois un avocat n'eût pas été déshonoré en sollicitant sur la place publique la faveur d'une clientèle. Aujourd'hui, un pareil acte ferait conspuer et chasser son auteur. L'étude des lois éternelles de justice élève forcément d'âge en âge les sentiments de délicatesse et de dignité.

Il est certain qu'à une époque plus avancée en civilisation on ne se *portera* pas candidat ; les groupes nommeront leur député sans lui avoir demandé ni avis ni consentement, et celui-ci n'aura pas plus le droit de refuser le mandat que le juré désigné pour les assises.

En attendant, il faut bien se courber sous les exigences de mœurs que l'on ne peut changer en un jour.

III

Du serment.

L'obligation du serment préalable est, à nos yeux, une nécessité fort regrettable, mais à un point de vue tout différent de celui où se placent bon nombre de personnes. Nos observations précédentes indiquent suffisamment que cette obligation habitue le citoyen à se faire candidat solliciteur. Elle ajourne ainsi l'époque désirable où, par la puissance des mœurs et par le sentiment de la justice, les mandats seront donnés sans avoir été sollicités.

La question du serment exige d'être étudiée au point de vue des principes de 89. Un incident récent vient à point prouver qu'en cette matière, comme en beaucoup d'autres, l'absence d'enseignement et d'études préalables laissent dans nos esprits les questions de principes à l'état d'instinct vague très-propre à la fermentation des passions.

Le 21 avril dernier M. Prevost-Paradol s'exprimait en ces termes sur le serment politique :

« Quelle est, cependant, la situation d'un honnête homme qui, attaché aux opinions libérales et préoccupé de l'avenir du pays, songe à se présenter aux suffrages des électeurs et à pénétrer dans la nouvelle législature ? Il rencontre dès ses premiers pas deux questions qu'il lui faut sans retard examiner et résoudre. La loi exige qu'il prête serment en même temps qu'il déclare sa candidature ; le bon sens exige, aussi impérieusement que la loi, qu'il accepte et même qu'il recherche, pour réussir, le concours de toutes les nuances de l'opposition libérale. Qu'il nous soit permis (en discutant brièvement ces deux points : la nécessité de prêter serment et la nécessité de s'unir avec des opinions diverses) de n'admettre aucune de ces distinctions qu'on a coutume de faire entre la jeunesse et l'âge mûr, entre les hommes qui ont servi, avec plus ou moins d'éclat, divers régimes, et les hommes nouveaux qui n'ont pas encore eu l'occasion ou la volonté d'entrer dans la vie publique. Ces distinctions nous paraissent puériles, lorsqu'il s'agit de questions de conscience. Il n'est pas besoin d'avoir longtemps vécu ni joué un rôle dans les événements contemporains pour être engagé dans une opinion par ses actes, par ses discours, par le courant de ses pensées et par l'ensemble de sa conduite. Ces liens sont aussi forts pour un homme qui tient à ses idées et à son honneur que les gages don-

nés à un parti dont on aurait partagé la fortune ou di-
rigé les affaires. Si le serment exigé par la loi devait em-
barrasser les uns, il n'y aurait aucune bonne raison pour
qu'il ne fût point un embarras pour les autres. Malgré
tous nos égards pour des scrupules toujours respectables,
il ne nous paraît point que la nécessité de prêter serment, même avant l'élection, doive suffire pour décider
un candidat libéral à décliner le choix des électeurs.
Quelle que soit, en effet, la sympathie qu'on puisse
éprouver pour une des familles qui ont régné constitu-
tionnellement sur la France, quelle que soit l'inclination
qu'on puisse ressentir pour la forme républicaine, il n'est
aucun libéral vraiment digne de ce nom qui mette ses
préférences particulières au-dessus de ses devoirs envers
la nation, au point de chercher à troubler la paix publique dans l'intérêt exclusif d'une dynastie ou pour l'amour
aveugle d'un mot. Il n'est point de bon citoyen qui ne soit
prêt à recevoir la liberté de la main du pouvoir actuel,
s'il lui plaît de prendre rang parmi les gouvernements
libres, et qui ne repousse énergiquement l'idée de poursuivre cette liberté si désirable par la voie douteuse et
obscure des conspirations. Le serment politique ne réclame point d'autre engagement et n'impose point d'autre
devoir, malgré l'extension singulière et abusive que quelques journaux (qu'on n'aurait jamais soupçonnés d'être si
exigeants en pareille matière) ont tout à coup prétendu
lui donner. On peut donc prêter ce serment, avec une
pleine sécurité de conscience, sans s'obliger à autre chose
qu'à ce respect des lois, joint au désir de les améliorer,

qui est recommandée par la plus pure morale à tous les
bons citoyens. »

Le jour même de son apparition, l'article était frappé
par l'avertissement suivant :

« Le ministre secrétaire d'État au département de l'intérieur,

« Vu le numéro du *Journal des Débats* du 21 avril 1863,
lequel contient un article signé Prevost-Paradol, intitulé:
Les élections en 1863, commençant par ces mots : *Nous
avons le dessein...* et finissant par ceux-ci : *un candidat
libéral ;*

« Considérant que le sénatus-consulte du 17 février 1858 a pour unique objet d'imposer à tous les candidats au Corps législatif l'obligation du serment ;

« Que ce serment, prescrit à peine de nullité de l'élection, est ainsi conçu : « Je jure obéissance à la Constitution et fidélité à l'Empereur ; »

« Considérant que l'auteur de l'article ci-dessus désigné prétend que le serment politique ne réclame d'autre
engagement et n'impose d'autre devoir que de ne pas
entrer dans la voie douteuse et obscure des conspirations
et d'observer le respect des lois recommandé par la morale à tous les bons citoyens ;

« Qu'il cherche dès lors à tromper la conscience publique sur la portée d'un acte solennel qui forme un lien
d'honneur absolu entre celui qui le prête et celui qui le
reçoit, entre l'Empereur et le candidat ;

« Vu l'article 32 du décret organique du 17 février 1852
sur la presse, arrête :

« Art. 1ᵉʳ. Un *deuxième avertissement* est donné au *Journal des Débats* dans la personne de M. Edouard Bertin, gérant de la feuille, et dans celle de M. Prevost-Paradol, signataire de l'article.

« Art. 2. Le préfet de police, chargé de la direction générale de la sûreté publique, assurera l'exécution du présent arrêté.

« Paris, le 21 avril 1863.

« F. DE PERSIGNY. »

La loi que nous nous sommes imposée de ne point nous mêler aux passions du moment, nous invite à supprimer tout ce qui pourrait prêter aux allusions. Nous résumerons simplement la série de questions que tout esprit avide de trouver la vérité doit se poser, étudier et résoudre.

Les principes de 89 sont-ils contraires ou non aux serments?

Le serment n'offrait-il pas, autrefois, un double caractère, selon qu'il se rattachait à une personne ou à l'exécution d'un engagement?

Le serment à la personne n'entraînait-il pas un dévouement absolu, sans contrôle, une abdication de volonté et de liberté?

Un serment ayant ce caractère n'est-il pas en opposition avec cette déclaration de 89 : les hommes naissent libres et demeurent libres?

Le serment se rattachant à l'exécution d'un engagement déterminé n'est-il pas une sanction particulière d'un contrat librement consenti, contrat par lequel celui qui accepte l'engagement se voue lui-même à l'exécration, et autorise celui qui l'accepte à le dénoncer à l'exécration publique, dans le cas où il violerait tout ou partie de ses obligations?

Si cela est, la loi doit-elle admettre la prescription en matière de violation de serment?

Ne doit-elle pas autoriser tous les citoyens à couvrir publiquement de leur mépris, sans avoir à redouter aucune action en diffamation, tous ceux qui auront été condamnés comme ayant violé leur serment?

Ne serait-il pas juste de rétablir, entre citoyens, la faculté de se prêter serment, en attachant à la violation du serment des sanctions pénales?

Pourquoi le législateur du Code civil n'a-t-il pas exigé que le contrat le plus solennel, le mariage, fût sanctionné par le serment des époux?

Une loi qui ordonnerait qu'un mandataire assermenté coupable de violation de serment (par exemple, un facteur à la poste ayant violé le secret des lettres), serait voué à l'exécration publique, pendant cinq ou dix ans, et devrait s'incliner sans répondre, chaque fois qu'un citoyen l'appellerait prévaricateur; une telle loi, dis-je, serait-elle folle ou barbare, ou l'une et l'autre, et à quelle époque de l'histoire appartiendrait-elle?

N'est-il pas absolument nécessaire que l'objet d'un serment, son étendue, sa durée, soient précisés avec un soin et un scrupule d'autant plus rigoureux, que l'engagement est plus solennel?

Peut-on violer son serment pour cause de salut public?

Celui qui a reçu le serment peut-il délier celui qui l'a prêté? ou, au contraire, la société ayant été prise à témoin, le serment est-il un lien indissoluble?

M. de Talleyrand avait-il une idée vraie du serment?

Ceux qui ont prêté le serment du jeu de paume le comprenaient-ils mieux?

Quels sont, dans leurs principes et les droits auxquels ils donnent naissance, les différences qui séparent les serments d'honneur, les serments religieux, les serments judiciaires, les serments politiques?

Que doit-on penser des sectes religieuses et politiques qui n'admettent pas le serment? Une loi peut-elle, en certaines circonstances, les contraindre à prêter serment?

Si nous avions une chaire au Collége de France sur le serment, ces questions seraient résolues, et les malentendus ou les erreurs deviendraient impossibles.

En politique comme en matière civile, la clarté et la précision sont des biens inestimables et sont des garanties réciproques d'honnêteté.

IV

Les électeurs sont-ils obligés de se réunir et de se concerter avant de nommer leurs députés? — Des comités électoraux.

Des réunions préparatoires, des comités, doivent-ils précéder les élections? A cette question que répond la justice, que répond l'intérêt?

Écoutons ce que disait Burke en 1770 :

« Quand les hommes sont liés ensemble et forment un parti, ils peuvent aisément s'avertir, se donner mutuellement l'alarme, au moment même où les mauvais desseins apparaissent. Ils peuvent, en outre, sonder ces desseins en commun et s'y opposer avec toutes leurs forces réunies. Quand, au contraire, ils sont dispersés, sans concert, sans ordre, sans discipline, les communications sont incertaines, l'accord difficile, la résistance impossible. Tant que les hommes ignorent quels sont leurs principes, tant qu'ils n'ont pas, par des efforts communs, fait l'épreuve de leurs talents, de leurs dispositions, de leurs habitudes réciproques, il est évident qu'ils ne peuvent jouer un rôle public avec uniformité, avec persévérance, avec efficacité. Dans une association, l'homme le moins considérable, en augmentant le poids total, a sa valeur et son utilité. Dans l'état de division,

les plus grands talents deviennent inutiles au public.
Aucun homme, s'il n'est égaré par le délire de l'amour-
propre, ne peut se flatter que ses efforts isolés, passagers,
non systématiques, aient jamais le pouvoir de déjouer
les trames habiles et les intrigues combinées de quelques
citoyens ambitieux. Quand les méchants se liguent, il
faut que les bons s'associent, autrement ils tomberaient
un par un, victimes peu dignes de pitié, dans une lutte
méprisable... Pour l'homme qui a reçu de ses concitoyens une mission importante, ce n'est pas assez de
vouloir le bien de son pays ; ce n'est pas même assez de
pouvoir dire qu'on n'a jamais commis une mauvaise
action, mais qu'on a toujours voté, parlé selon sa conscience, et résisté à tous les actes qu'on regardait comme
nuisibles. Le devoir oblige non-seulement à voir le bien
et à le montrer, mais à faire tous ses efforts pour le faire
prévaloir; non-seulement à signaler le mal et à le combattre, mais à ne rien négliger pour en venir à bout.
Quand l'homme public refuse ou néglige de se mettre
dans une position où il puisse faire son devoir avec effet,
il manque à son devoir presque autant que s'il le tra-
hissait. Ce n'est certes pas une conduite sensée que de
suivre la ligne droite, mais en s'y prenant de telle sorte
que les efforts que l'on fait ne puissent avoir aucun résultat utile. »

« A mon sens, dit M. Duvergier de Hauranne, à qui
j'emprunte ce passage, les conseils de Burke sont aussi
bons, meilleurs peut-être en France qu'en Angleterre;
et il me paraît insensé de croire qu'une guerre de gué-

rillas puisse venir à bout d'une armée bien organisée, bien nourrie, d'une armée qui reçoit tout entière le même mot d'ordre et dont une seule pensée dirige tous les mouvements. Dans l'opposition, sans doute, les choses ne peuvent se passer ainsi. C'est dans des conférences, dans des délibérations en commun que la direction doit être arrêtée, le conseil exécutif choisi, le mot d'ordre donné. Mais, une fois cela fait, l'opposition ne doit pas oublier que, pour vivre, les démocraties n'ont pas moins que les monarchies besoin d'ordre et de discipline. »

L'intérêt commande donc de se concerter. Avant l'intérêt passe la justice, et celle-là n'a pas besoin de discours pour se faire comprendre :

Es-tu obligé de voter? Ton vote n'est-il pas un acte de justice qui doit être rendue en commun? Que penserait-on de juges ou de jurés qui rendraient leurs décisions sans s'être éclairés mutuellement? — Ils seraient indignes d'être jurés, n'est-il pas vrai? — Eh bien, les électeurs qui ne se réunissent, ni ne se concertent, ni ne s'éclairent sur les meilleurs choix à faire, sont indignes d'être électeurs, et se rendent coupables vis-à-vis de ceux qui remplissent dignement leur devoir.

Comment auront lieu ces réunions? Devra-t-on procéder avec ordre et méthode, et organiser des comités? Quel sera le véritable caractère de ces comités? sera-t-il dictatorial ou justicier?

Ces questions simples ont donné lieu naguère aux plus vives discussions :

« Pas de comité disaient les uns, que chacun fasse comme bon lui semble, c'est son droit; pas de comité dirigeant, pas de dogme électoral, vive la liberté du suffrage et toutes les libertés ! »

« Vive la liberté, répondait-on, mais vive aussi le devoir du suffrage et tous les devoirs sociaux ! Que dans chaque circonscription électorale les groupes démocrates libéraux se reconnaissent, se concertent sur les candidatures les plus favorables, c'est leur devoir; qu'ils se souviennent des règles si noblement exprimées par M. Jules Favre dans son allocution au barreau de Paris : *Les électeurs, maîtres absolus du suffrage, doivent se concerter et s'entendre sur les candidatures les plus favorables... Il faut songer, non à exclure, mais à nommer ; il faut réunir au lieu d'éparpiller ses forces, porter ses voix avec ensemble sur quelques candidats acceptés par la majorité des électeurs, user enfin du suffrage avec intelligence et désintéressement, et ne jamais oublier l'esprit de confraternité qui doit inspirer chacun dans ces luttes de famille où il peut y avoir des vainqueurs, mais jamais de vaincus.* »

Or, qu'arrivera-t-il de ces réunions dans chaque circonscription? Beaucoup de choses excellentes, dont la première sera l'étude des lois de la liberté. Mais des difficultés naîtront entre les divers groupes ; l'intelligence des devoirs du suffrage, la nécessité du désintéressement nécessaire aux candidats ne sont que la résultante de longs exercices de la liberté. Qui donc aidera à sortir des difficultés inextricables qui vont surgir fatalement ? Qui apaisera l'ardeur des rivalités? Qui éclairera les hommes impartiaux ? Une seule puissance au monde résoudra le problème : la puissance morale d'arbitres impartiaux désignés par chaque groupe, choisis par chaque groupe, représentant toutes les fractions, placés à l'abri des passions de chacune d'elles, en un mot capables de *dire justice*, véritable comité fédéral dont la sentence sera acceptée par tous, parce que sa puissance morale aura été l'œuvre de tous. Quand on forme une société, les associés choisissent à l'avance des arbitres chargés de résoudre les difficultés futures et composant non un comité dictatorial, mais un comité essentiellement *justicier*.

De là, abolition de toute dictature, liberté à chaque circonscription de choisir son candidat ; recours, en cas de divergences ou de difficultés, au comité fédéral soit de la part des compétiteurs rivaux, soit de la part des sous-groupes de chaque circonscription ; pacification résultant des sentences rendues par le comité fédéral, qui n'aura pour agir ni dogme, ni gendarme, mais la puissance de véritables mandataires justiciers, — puissance énorme sur tous les esprits qui, non-seulement, écoutent la raison, mais qui, possédant en outre le vif sentiment des devoirs sociaux, ont acquis la conviction que, si la liberté est indispensable, elle n'est pas l'unique bien de l'homme, et qu'il lui faut encore justice et union.

Il nous a été demandé si des candidats pouvaient faire partie d'un comité !

Une semblable question implique l'absence des premières notions du principe du suffrage ! Un homme peut-il à la fois être juge et partie? un contrôlé peut-il être son propre contrôleur ?

En vérité ! si le suffrage est dépouillé de son caractère essentiel ; si, dans la pensée de ceux qui l'exercent, il n'est pas un acte de justice obligatoire, il est impossible de prévoir les extravagances auxquelles un tel monstre donnera naissance ! Il enfantera une myriade de droits divins aux petits pieds ; chaque ambition se constituera un comité dont elle prendra, de son autorité privée, la présidence, et qu'elle conduira dictatorialement.

Les membres d'un comité peuvent-ils, selon leur bon plaisir, donner leur démission ?

Oui, sous les régimes de droit divin ou de droit social. Mais sous le règne des principes de 89, tous ceux auxquels on confie un tel mandat sont tenus de le remplir et d'en rendre compte à leurs mandants.

Sur la concurrence des candidats démocrates libéraux et les règles du second tour de scrutin voyez, note E.

V

Obligation de bien choisir ses candidats. — Première qualité du candidat.

Voter n'est pas simplement prendre à la porte de la mairie un nom imprimé sur un morceau de papier blanc et le jeter dans l'urne. Si l'accomplissement du principal devoir du citoyen devait consister uniquement dans ce simple acte, il faut avouer que l'humanité livrerait concurrence à la machine. On ne comprendrait pas que pour si peu nos grands-pères aient noyé l'ancien régime dans des torrents de sang, et que la puissance d'une idée si mesquine ait allumé en Europe un tel incendie que de temps à autre des grondements passent dans l'air et que des jets de flamme brillent à l'horizon. Le grand drame prendrait la tournure d'une comédie. Non, non! la conquête est plus féconde, et c'est pour cela que notre constitution actuelle a inscrit à son frontispice les principes de 89, comme condition de son existence et sauvegarde de sa durée. « Je veux marcher avec le progrès, je veux être de mon époque, » dit bien haut le gouvernement. Or, les premiers progrès à accomplir sont dans l'intelligence des électeurs et dans leurs efforts à bien choisir leurs représentants.

Qui dit élire dit choisir, qui dit choisir dit connaître, étudier, comparer et juger. Les électeurs doivent donc chercher à connaître les qualités de leurs candidats avant de choisir.

Si l'on disait à ce paysan, qui vote sans trop savoir pour qui : « Pendant cinq années tu ne vendras plus ton blé au marché, tu n'achèteras plus tes provisions, c'est un seul député qui va faire tous les achats de la commune, les tiens comme ceux de tes voisins, mais c'est toujours toi qui payeras, c'est toi qui seras responsable des maladresses de ton député, c'est toi qui en subiras les conséquences. » Oh ! alors comme vous verriez notre homme dresser les oreilles ! Quelle animation il porterait au vote ! A quelle enquête minutieuse ne se livrerait-il pas ? « Celui-là est-il bien honnête ? dirait-il, Est-il incapable de me trahir pour un pourboire ? Sait-il bien son métier ? Connaît-il à fond les diverses espèces de céréales qui poussent dans le canton ? Ses relations avec les divers marchés extérieurs sont-elles assez solides pour tenter de bonnes opérations ? Sa prudence le met-elle à l'abri des ruses de ses rivaux ? A-t-il l'habitude de travailler, ou est-ce un joueur ? A·t-il bien expérimenté les besoins, ressenti les souffrances, et partagé les désirs du pauvre monde ? etc. »

Brave homme ! ce député que tu vas nommer fera mieux que vendre ton avoine et acheter tes colzas. Il décidera en partie si ton fils restera près de toi ou partira à mille lieues d'ici se faire tuer glorieusement; il décidera si tu dois payer un ou deux milliards, c'est-à·dire deux fois plus de pièces de vingt sous qu'il ne s'est écoulé de minutes depuis la naissance du Christ ; il pourra faire donner à tes filles une instruction solide en provoquant dans ta commune l'installation d'une institutrice intelligente; il doublera ou ruinera ta fortune par des traités avec les nations voisines; il rendra la nation libre et lui fera faire un pas de géant ou la laissera reculer en arrière. Cet homme-là, choisis-le bien, c'est toi-même, ta fortune, ton honneur, l'avenir de tes enfants qu'il emporte de l'urne avec la majorité des voix.

Pour choisir, il est nécessaire de se trouver en présence de plusieurs candidats. Quand un seul se présente, l'élection est facile, mais fort triste, sauf le cas où la présence d'un homme de génie, sûr d'avance d'être porté par acclamation, éloigne tous les rivaux. Mais ces cas sont rares et le seront toujours. Dans l'ordinaire des choses, un seul candidat sur les rangs semblerait indiquer que la circonscription est bien pauvre en fait d'honnêtetés et de capacités.

Un arrondissement ne produisant qu'une graine de député! Vraiment, une pareille stérilité prendrait un caractère de détresse à faire trembler! Quelle catastrophe si ce député venait à mourir! Où en retrouver l'espèce dans le département? Son successeur, quel qu'il soit, sera toujours réputé bien inférieur, puisqu'il n'a pas osé se mettre sur les rangs pendant la vie de l'heureux député qui sans doute disait, à l'instar de Louis XIV : « L'arrondissement c'est moi! »

La première condition qu'un électeur doit exiger d'un candidat, est une loyauté parfaite. Il doit s'enquérir partout si sa parole est d'or, s'il n'a jamais manqué à un serment. Cette condition est essentielle. A vrai dire, la sincérité ne constitue pas une vertu, elle n'est que l'absence d'un vice. Une société est perdue si elle confie le pouvoir à quiconque est capable de trahir cette première religion de l'homme : la sincérité.

Les qualités des électeurs sont de nature à développer singulièrement celles du candidat. Le caractère propre du mandataire bien doué est de chercher à s'élever à la

hauteur de ses mandants. Un candidat hâbleur promet-
tait jadis au maire d'une commune d'obtenir du gouvernement mille faveurs, traduisez : des subventions pour
ses chemins, pour sa maison commune, pour la recon-
struction de son église, etc.

« Monsieur, lui dit le maire, ancien magistrat, ou
vous vous vantez de ce qui est au-dessus de votre pouvoir, et dans ce cas, vous manquez de la première qualité d'un représentant, vous n'êtes pas sincère ; ou vous
dites vrai, et comme le budget des secours aux communes est fort restreint, vous n'obtiendrez des fonds
que par faveur, par intrigue, au détriment des communes
voisines plus pauvres encore que la mienne, et, dans ce
second cas, vous commettrez une injustice.

« Or le sentiment de l'équité est aussi une des principales qualités d'un député. Je regrette de ne pouvoir
vous donner ma voix. » (Historique.)

Rechercher les garanties de loyauté qu'offre le candidat est donc la première règle imposée par le devoir du
suffrage.

VI

Seconde qualité du candidat.

La seconde qualité que l'électeur doit rechercher dans
le candidat est la capacité. Élire un député loyal mais

sans talent, c'est se confier au hasard, c'est jouer à la loterie, c'est remettre la direction d'un navire à un homme incapable de se servir d'une boussole. Mieux vaut, dans tous les cas, être tué par un ennemi que par un sot ami.

Rappelons les garanties que la société exige des aspirants aux modestes professions libérales. Avant d'accorder un diplôme de docteur en médecine, la loi réclame de fortes études, puis un diplôme de bachelier, puis cinq autres examens; puis enfin, comme la science ne suffit pas et qu'une longue pratique, des habitudes de travail et d'observation sont nécessaires, un stage laborieux sera indispensable.

La science de député serait-elle plus facile que celle de la médecine? N'impose-t-elle pas une connaissance approfondie des besoins de la nation, en général, et, en particulier, du département qui a élu? Ne nécessite-t-elle pas une étude sérieuse des lois? Qui ne sait la perturbation et le malaise qui naissent des lois mal faites? Un livre excellent de M. Vraye démontrait naguère, au sujet des offices ministériels, qu'un quiproquo sur un article mal digéré avait créé cette dette de plus d'un milliard, qui pèse lourdement sur tous les justiciables (les offices ministériels) et qu'il nous faudra solder un jour.

Dans un siècle, et peut-être avant, le suffrage universel sera perfectionné, et nul ne sera éligible s'il n'a subi des épreuves qui répondent de sa capacité.

Sans craindre d'usurper le rôle téméraire de prophète ou de s'égarer dans les rêves bleus de l'utopie, on peut calculer, d'après la marche de l'humanité, que la grande majorité du public sera capable au vingtième siècle de pratiquer la règle suivante, dictée par le bon sens le plus naïf :

On n'élève en général à la fonction de contre-maître qu'un bon ouvrier qui connaît deux choses : la science et la pratique de son métier; on ne choisit pour magistrat que des gens qui ont la science des lois prouvée par des examens, et la pratique des affaires prouvée par un long stage.

Or, administrer les affaires publiques n'est pas plus facile que d'administrer une usine ou de rendre la justice; la nation, le département, la commune doivent exiger tout autant de garanties à l'égard du conseiller municipal, du conseiller général, des députés. Il faut donc exiger des mandataires de la société deux choses : la science de leurs fonctions prouvée par des examens, et la pratique des affaires administratives prouvée par un stage.

Quelle est la science nécessaire à ces mandataires désignés par le suffrage? Le droit constitutionnel, le droit administratif. Tout candidat devra donc être muni de diplôme constatant une connaissance véritable des principes qui devront chaque jour guider sa conduite.

Mais la science du métier ne suffit pas, la pratique est non moins indispensable. En conséquence, il sera nécessaire d'inviter tous les futurs candidats à s'inscrire comme auditeurs au conseil municipal, au conseil général, à la chambre des députés, et de n'accorder le titre d'éligible qu'à celui qui se sera montré stagiaire assidu à l'assemblée où il désire siéger.

Certes ! il ne faut pas les efforts du génie pour comprendre ce raisonnement d'une simplicité élémentaire, mais il ne suffit pas qu'il soit saisi par les trois quarts des électeurs, il est essentiel qu'il soit vivement senti. Le peuple ne sera pénétré de son importance que quand il ne fera pas de l'État un être à part, un mal inévitable, un ennemi qu'il faut courtiser, mais qu'il se dira : l'État c'est nous-mêmes. Tant vaudra le peuple, tant vaudra l'État.

En attendant, travaillons avec plus d'ardeur à découvrir parmi les plus honnêtes le plus capable. Cette étude n'est pas toujours facile ; l'alliance d'un beau talent et d'une grande lâcheté n'est pas impossible ; enfin, le vrai mérite a le tort de se cacher, il faut l'aller chercher dans sa retraite et le pousser en avant par les épaules. Pareil reproche n'a jamais été adressé à la médiocrité.

VII

Du sens vicieux que l'on attache au mot indépendance. — Ce qu'on doit entendre par indépendance chez un député.

Un journal, *le Constitutionnel*, a paru revendiquer deux qualités comme un titre de gloire pour le député :

« Je suis, écrivait M. le docteur Véron, indépendant, mais dévoué. » Le public a accueilli ces paroles par un immense éclat de rire. Je ne blâme pas le public français de sa gaieté, quoique le rire sonne faux sur des sujets tristes ; mais il eût été mieux de ne pas laisser échapper une semblable sortie sans rappeler les principes.

Nul n'est indépendant à l'égard de la chose publique, puisque chaque associé a des devoirs vis-à-vis de tous. On n'est indépendant que dans certains cas exceptionnels, limités, quand on a la faculté de faire ou de ne pas faire, en un mot, quand on a un droit.

Or, un député est un mandataire, il ne peut avoir aucun droit, il n'a que le devoir de remplir son mandat. Dire qu'un député est indépendant, c'est évidemment l'accuser de forfaire à son mandat.

Alléguera-t-on que je me suis mépris sur le sens de cette expression ; qu'elle ne signifie pas : indépendance vis-à-vis de la nation, puisque le mandat lie étroitement le mandataire avec ses mandants, mais uniquement indépendance vis-à-vis du gouvernement? Si telle est la signification donnée, je la trouve souverainement regrettable.

Le mandat de député comporte, d'après notre constitution, l'obligation de contrôler les actes du pouvoir exécutif, d'examiner les comptes de son budget, de les discuter, de les juger, de les rejeter ou de les voter selon l'intérêt du pays. Cette mission implique comme devoir absolu une indépendance complète à l'égard du pouvoir. Si le juge était dépendant de son justiciable, le contrô-

leur dépendant du contrôlé, il n'y aurait plus ni justice
ni contrôle, mais une infâme jonglerie. Proclamer qu'un
député est indépendant du gouvernement est donc synonyme de cette locution : « Ce juge n'est pas prévaricateur, ce contrôleur n'est pas vendu. » — Si un électeur
entend cette maladroite échappée, il a le droit de la
taxer de naïveté, et de se rappeler en souriant l'excla-
mation de ce valet de comédie : « Moi, j'ai une grande
vertu, je ne suis pas voleur ! »

Si, au lieu d'être entendue par un électeur, pareille
phrase arrive à l'oreille d'un membre du pouvoir, celui-
ci se trouvera blessé à juste titre et sera fondé à répondre : « Vous n'êtes pas indépendant vis-à-vis de la constitution, puisque vous lui jurez obéissance. Vous n'êtes
pas indépendant à l'égard du chef de l'État, puisque vous
lui jurez fidélité. Vous n'êtes pas indépendant vis-à-vis
des électeurs, puisque vous êtes leur mandataire. Quant
au contrôle de mes actes, au vote des lois que je pro-
pose, votre mandat vous oblige, en cette circonstance,
d'être indépendant du gouvernement. Tout cela est
difficile à concilier, direz-vous? Raison de plus pour
s'envelopper d'un silence prudent et se garder d'une
jactance qui autoriserait à soupçonner une corruption
facile. »

Tout ceci nous prouve qu'avec les intentions les plus
pures, il suffit d'une inadvertance, d'une distraction d'un
moment pour laisser tomber de la plume une énormité
bien éloignée de notre pensée, et que pour éviter de pareilles chutes, il est prudent d'étudier scrupuleusement

sous toutes ses faces, cette grande mission de représentant d'une société.

Nous n'en avons pas fini avec l'indépendance des députés. Il ne suffit pas d'avoir examiné le sens que lui attachait étourdiment le langage usuel; elle renferme une autre signification dont on ne parle pas, et c'est de celle-là seule dont il est permis de parler.

Le député doit être indépendant à l'égard de toutes les sectes et les corporations, et notamment en ce qui touche son propre culte dans ses rapports avec l'État.

Cette question est brûlante; je ne ferai que l'effleurer, car mon respect profond pour les droits de la conscience me commande de ne laisser échapper aucune parole de nature à causer le moindre froissement.

Autrefois les États-généraux étaient composés des députés de la Noblesse, du Clergé et du Tiers-État. Il y avait donc des députés du clergé, des représentants d'un culte.

Les trois états ont disparu ; il ne reste que les députés d'une nation. Un orateur disait naguère avec raison : « Il n'y a dans cette chambre ni catholiques, ni protestants, ni juifs, nous sommes tous députés de la France. » Cependant, ne nous le dissimulons pas, cette belle parole constate plutôt le droit que le fait. Dans l'esprit de bon nombre d'électeurs, l'ancien régime a laissé des traces ; ils s'imaginent qu'on a le droit d'élire un catholique comme député du catholicisme, un protestant comme

député du protestantisme, et cet oubli des devoirs du
suffrage est un des maux les plus cuisants de notre
époque.

L'origine de ce mal remonte au premier Empire. Napoléon fit à son intérêt litière des principes. Au lieu de
rendre à chacun la liberté de son culte, ainsi que le
dictait la justice, il voulut enchaîner le culte dominant,
se l'attacher par de brillantes faveurs, transformer ses
prélats en fonctionnaires publics, trouver dans la religion les soutiens de sa dynastie, comme si les choses
divines étaient le seul appui des choses humaines et
ne planaient pas dans des sphères supérieures où elles
nous attirent, mais d'où elles ne peuvent descendre sans
se corrompre et nous perdre.

Une des plus sanglantes satires des temps modernes,
l'Histoire de l'Empire, par le P. Loriquet, fit justice
de ce faux système.

En 1830 et 1848 on méconnut également les véritables principes d'une société d'hommes libres. On ne pro-
nonça pas la séparation des cultes et de l'État. Du reste,
les ministres de ces divers cultes ne comprenaient pas
encore l'infériorité de leur position et ne réclamaient pas
la séparation. Cette nécessité n'a été comprise que de
nos jours; en entendant sonner les clairons du roi d'Italie
aux portes de Rome, le sentiment religieux se réveilla.
Tous les catholiques alors de s'écrier : « Si Victor-Em-
manuel règne au Capitole, le pape ne peut rester à
Rome; sa position serait humiliante ; il deviendrait forcément un fonctionnaire public, recevant comme tel des

appointements. » Ces réflexions sensées n'étaient point échappées à M. Laboulaye et plus tard au comte de Cavour. Aussi, tous deux posaient-ils, comme véritable solution de la question romaine, la séparation complète des cultes avec l'État. Puisse leur pensée être féconde!

Quoi qu'il en soit, chez nous la question n'a fait aucun pas en avant, et le concordat est encore la loi de l'État. Chaque année la Chambre aura donc à voter le budget des cultes.

Doit-on conclure de cet état de choses que les électeurs ont le droit de nommer un député comme député de leur culte? Qu'ils soient fondés à dire à celui-ci : « Ton dieu n'est pas le mien, je te repousse, » à celui-là : « Je te nomme pour aller défendre les intérêts de mon dieu et de ses ministres? »

Jusqu'où conduiraient de telles passions? Dans une circonscription composée de vingt-cinq mille catholiques et dix mille protestants, le succès du candidat catholique serait assuré. Les dix mille protestants n'auraient donc pas de représentant.

La gravité de ce résultat n'échappera à personne. Un tel fait constitue une violation manifeste du devoir du suffrage. Si tous les associés ont des devoirs mutuels dont ils confient l'accomplissement à leurs mandataires, n'est-il pas évident qu'il faut que ce mandataire représente la pensée, les besoins, les aspirations, non d'une partie, mais de la totalité des électeurs, même de ceux qui n'ont pas voté pour lui. Si le candidat n'est élu que comme représentant d'un culte, il n'est alors que le

député d'un parti et non plus député de la France. Les
électeurs qui l'ont choisi avec ce caractère exclusif se
sont rendus coupables envers leurs concitoyens.

J'ai entendu un électeur dire avec conviction : « Je
suis commerçant, je veux, je dois nommer un commerçant. » En suivant cet absurde système, on arriverait
vite à classer les électeurs par métiers, professions, cultes ; la Chambre se composerait de députés des agricul-
teurs, des catholiques, des protestants, des juifs, des
menuisiers, des couvreurs, etc., etc. Il y aurait de tout,
excepté des députés français.

N'avais-je pas raison de dire qu'une qualité du député,
non moins essentielle que les précédentes, était une indépendance à toute épreuve. Rien ne doit être étroit dans
l'élu ; devant lui tous les intérêts ont droit de se présenter sans crainte de partialité, et trouver facile accès ;
il fait partie de l'État et comme tel, son intelligence et
son cœur doivent se répandre partout avec une égale
sollicitude.

Cette sorte d'indépendance n'est pas moins nécessaire
aux électeurs. Eux aussi ont le devoir d'imposer silence
à toutes les passions de clocher, et de choisir, parmi
les plus honnêtes, le plus capable et le plus indépendant,
quels que soient son culte et sa profession.

VIII

En quoi consiste le dévouement chez le député.

Loyauté, capacité, indépendance, telles sont les qualités naturelles que réclame la fonction de député. Nous venons de voir que d'autres y ajoutaient le dévouement. Ce mot mérite d'être bien défini.

J'espère que personne ne traduira dévouement par servilité. Pour être dévoué, tel que l'entend la raison moderne, il faut être libre, posséder un droit et non pas être soumis à un devoir. Celui qui remplit uniquement son devoir n'est pas dévoué, il n'est que fidèle mandataire. Sa fidélité à remplir ses obligations ne constitue pas le dévouement; il se conduit en honnête homme, il paye sa dette, voilà tout. Ne pas trahir ses mandants n'est pas une vertu.

Cependant il se peut qu'on puisse remplir un devoir avec dévouement; l'histoire nous en fournit des exemples qui valent mieux que tous les préceptes.

Turgot fut dévoué au roi et à la nation lorsque, intendant du Limousin, il lutta héroïquement contre une effroyable disette, accomplissant chaque jour des travaux surhumains et sacrifiant une partie importante de sa fortune personnelle. Il n'était pas obligé d'aller jusque-là ; il franchissait les limites du devoir pour entrer dans le domaine du sacrifice ; il s'élevait à la vertu.

Remarquons que les deux ministres les plus dévoués que l'on rencontre dans l'histoire, L'Hospital et Turgot, furent précisément ceux qui luttèrent avec le plus de ténacité contre les erreurs de leur siècle et travaillèrent le plus ardemment pour la nation. « Il n'y a que Turgot et moi qui aimions le peuple, » disait Louis XVI. Nuls ne sentirent plus vivement toute la sainteté des devoirs de la royauté et ne firent plus d'efforts pour élever leur maître à la hauteur de sa mission. Tous deux ne comprirent jamais qu'un roi pût avoir d'autre intérêt que celui de la nation. Tous deux aussi furent disgraciés brutalement. Dans la cour du monarque, le contact du génie honnête glaçait d'effroi : on tremblait qu'il n'eût caché le peuple sous sa poitrine, et qu'il ne le fît aimer du roi.

Un ministre peut donc être dévoué, à la condition que ses sacrifices seront consommés dans l'accomplissement des devoirs de l'État.

Un député peut l'être également. Mais, si la vertu du dévouement n'a jamais appartenu au ministre que lorsqu'il fondait les intérêts du roi dans ceux de la nation, à plus forte raison, sous l'empire du suffrage universel, un député n'a le droit d'être dévoué que pour ses mandants. Si, par le plus grand des malheurs, les intérêts d'un gouvernement s'écartaient de ceux de la nation, et que le mandataire du peuple sacrifiât l'intérêt de la nation au gouvernement, il ne serait pas dévoué, mais parjure.

Il est donc bien entendu qu'un député ne peut pas dire qu'il est dévoué au gouvernement. Il doit obéissance à la constitution, fidélité au chef de l'État, le premier mandataire du peuple : il ne peut être dévoué qu'à ses mandants.

Cette vérité ressort clairement des articles de la Constitution qui défendent aux fonctionnaires d'être députés. Ceux-ci pourraient se trouver placés entre deux devoirs opposés ; le jeu de la Constitution serait brisé, et l'État, impuissant à connaître l'opinion publique, ne saurait plus où son devoir l'appelle.

La nature du dévouement propre au caractère de député étant expliquée, il reste à se demander si l'électeur doit exiger cette vertu dans son candidat.

L'électeur n'a pas ce devoir. Il donne un mandat, il a le devoir d'exiger qu'il soit rempli fidèlement, mais rien de plus. Quand le sentiment du devoir est, chez le député, si vif qu'il l'entraîne aux sacrifices du dévouement, l'électeur doit être reconnaissant, mais il n'avait ni droit ni devoir de demander une telle vertu. Du reste, il sera sage de se garder des mots pompeux, des expressions de zèle qui voilent de honteux intérêts. Que l'électeur sache se contenter des qualités fondamentales : loyauté, capacité, indépendance; cela suffit dans le cours ordinaire des choses. Qu'il n'oublie pas surtout que le dévouement est une vertu; que toute vertu réelle se cache, et qu'il faut se méfier de ceux qui l'écrivent sur leur chapeau.

Ma pensée serait mal comprise si on induisait de là
que l'électeur ne doit pas rechercher les caractères susceptibles de dévouement. Loin de là ! Mais cette recherche sera souvent fort difficile : les vertus sont discrète
et se voilent.

IX

**Dans une société démocratique, est-il juste, est-utile de réélire
indéfiniment les mêmes députés ?**

Ce sujet se présente sous des aspects divers : Les
réélections indéfinies des mêmes membres sont-elles
contraires au devoir du suffrage ? Dans quelle circonstance
doit-on réélire les mêmes députés ? Ne serait-il pas plus
sage de déclarer par une loi les députés non rééligibles
pendant un certain nombre d'années ?

L'énoncé seul de ces questions suffit pour en faire ressortir toute l'importance.

Il n'est pas toujours facile aux humains de reconnaître
et de proclamer un principe, il est encore bien plus difficile de s'entendre sur son mode d'action. L'instrument
est cru parfait ; on l'emploie, et la besogne ne présente
guère les caractères de la perfection. Alors s'élèvent des
murmures : les uns se récrient sur les qualités de l'instru-

ment ; les autres demandent des modifications qui lui enlèveront peut-être toute sa valeur primitive. La cause de ces petites misères provient de ce qu'on n'examine pas assez studieusement le point suivant : L'instrument est-il mauvais, ou bien est-ce l'ouvrier qui ne sait pas s'en servir ?

L'histoire de la révolution pacifique qui s'est opérée en 1862 dans le barreau de Paris à l'époque de l'élection des membres du conseil de l'ordre, ne laissera pas de doute sur la solution des problèmes posés en tête de ce chapitre. Que les élections concernent un groupe peu nombreux de citoyens, ou qu'il s'agisse d'élire les représentants de toute une grande nation, la question de principe présente la même gravité, et intéresse tout citoyen appelé aujourd'hui ou demain à exercer ses devoirs d'électeur.

Les faits qui ont donné lieu à cet incident méritent d'être signalés pour démontrer que l'exercice du suffrage peut courir d'autres dangers que ceux des candidatures administratives, puisque celles-ci n'existent pas dans les élections des membres du conseil de l'ordre des avocats.

A Paris, les avocats inscrits au tableau sont au nombre de plus de six cents. Mais plus des deux tiers fréquentent, peu ou point, le Palais. Les consultations, les études juridiques ou scientifiques et les travaux littéraires, qui sont l'apanage de ces derniers, leur laissent la faculté de circonscrire leur activité dans le cercle du cabinet et dans l'intimité du foyer domestique.

Les autres composent, à proprement parler, le barreau actif. Véritables locataires du Palais de Justice, on les rencontre chaque jour peuplant les bibliothèques, ou debout sur la brèche dans les seize chambres du Tribunal et de la Cour. Des rapports journaliers impliquent une connaissance plus parfaite du mérite de chacun. De là, désir tout naturel de faire entrer chaque année, au conseil de l'ordre, les confrères dont le caractère a conquis de plus vivaces sympathies, dont le talent s'est révélé avec éclat par des succès nouveaux. Ajoutez à ces sentiments très-respectables le désir légitime inhérent à toute société démocratique de faire arriver le plus grand nombre aux premiers honneurs.

Cependant, malgré l'activité déployée par cette minorité, malgré la mise en pratique légale du suffrage universel, les efforts tentés dans le but désiré échouaient complétement, ou à peu près, chaque année.

La cause de ces insuccès répétés se devine sans peine. Le jour du vote, accouraient de tous les coins de la capitale les confrères non plaidants empressés d'apporter leurs suffrages. Ces heureux mortels, qu'une destinée bienfaisante a favorisés du droit d'être avocats *in partibus* et de porter moustache, composent la majorité. Ignorant les vœux et les efforts de la minorité, sachant avec raison que les anciens membres du conseil sont tous éminemment distingués par leur talent et leur caractère, ils se contentaient de prendre l'ancienne liste et de la copier fidèlement. De méchantes langues ont même raconté qu'aux élections qui suivirent la mort d'un membre du conseil, le nom du défunt fut retrouvé sur un certain nombre de listes.

Quoi qu'il en soit, il était excessivement difficile d'être élu, même quand le candidat avait conquis la célébrité. Tous les efforts infructueux faits jusqu'alors avaient porté un tel découragement chez plusieurs avocats, qu'ils en étaient arrivés jusqu'à suivre cette funeste doctrine appelée de nos jours, *politique d'abstention*. « Si l'effort doit rester éternellement stérile, à quoi bon voter? » disaient-ils.

Dans cette situation, cent quatre-vingt-deux avocats ont adressé au conseil une pétition dans le but d'obtenir que chaque année un tiers du conseil ne pût être réélu, à l'exception des anciens bâtonniers.

Le sentiment qui avait guidé les auteurs de la pétition était assurément fort louable. « Nous ne pensons pas, et nous ne voulons pas que la renommée dise que le nombre des avocats éminents est limité à vingt et un; efforçons-nous donc d'ouvrir la porte aux nouveaux lutteurs. »

Mais si le sentiment était digne d'éloge, le moyen proposé était illégal et impraticable; aussi le conseil, présidé par son bâtonnier, a-t-il rendu un arrêté empreint d'une haute sagesse, par lequel, tout en rejetant la proposition, il indiquait aux pétitionnaires le moyen le plus propre à réaliser leurs vœux.

Ce moyen, est-il besoin de le dire, n'est autre chose que l'exercice ferme, intelligent, modéré et dévoué du principe du suffrage universel.

« Maîtres absolus des suffrages, les avocats n'ont qu'à
se concerter et à *s'entendre sur les candidatures les plus
favorables.*

« Sans doute il est désirable de voir le plus grand
nombre entrer au conseil, mais pour y arriver il faut
songer non à exclure, mais à nommer; il faut réunir,
au lieu d'éparpiller ses forces, porter ses voix avec ensemble sur quelques candidats acceptés par la majorité
des électeurs, user enfin du suffrage avec intelligence et
désintéressement, et ne jamais oublier l'esprit de confraternité qui doit inspirer chacun dans ces luttes de
famille où il peut y avoir des vainqueurs, mais jamais
de vaincus.

« Les pétitionnaires, au lieu de suivre cette marche
naturelle et simple, demandent qu'on réglemente, c'est-
à-dire qu'on diminue leur liberté; ils voudraient créer
des inéligibles et imposer des élus, combinaison destruc-
tive de la liberté de suffrage. »

Ces quelques lignes résument un magnifique programme à l'usage de tous les électeurs, dans toutes les
élections.

L'homme faisant partie d'une société quelconque n'est
vraiment libre que quand il est appelé à élire, par un
suffrage direct, ses mandataires. La liberté du suffrage
est mère de toutes les libertés; rien n'est au-dessus d'elle,
et tout ce qui peut l'altérer est un malheur public. Mais
pour qu'elle puisse produire de féconds résultats, il faut
savoir la pratiquer dignement, — elle est chose sainte.

La marche indiquée est simple. Élire, c'est choisir,

non pas choisir dans un intérêt privé, mais dans l'intérêt de la masse, de la grande famille ; d'où nécessité :

1° De se concerter ;

2° De s'entendre sur les candidatures les plus favorables.

La réussite de ces deux opérations préliminaires exige principalement une qualité et une vertu : de l'*intelligence* et du *désintéressement*.

Les électeurs doivent avoir l'intelligence de réunir au lieu d'éparpiller leurs forces sur quelques candidats acceptés par la majorité.

Le désintéressement est nécessaire de la part des candidats dont les chances sont douteuses ; il commande d'empêcher les amis de commettre une faute lourde en tentant une fortune chimérique, et en transformant leur vote en témoignage stérile d'une amitié aveugle.

Les sentences qui ont dicté la demande, les hautes raisons qui ont motivé son rejet font le plus grand honneur au barreau. Il appartenait à la profession la plus libre de donner l'exemple d'une sage application de la première liberté.

On suivit ces précieux conseils, et bientôt neuf membres nouveaux entrèrent au conseil. Ce n'est pas sans raison que le public s'est si fort occupé de ces élections. Une autre question grave et toute nouvelle s'y débattait : *Les membres d'une société démocratique,* se disait-on, *peuvent-ils en conscience réélire indéfiniment les mêmes mandataires ?*

7.

Non, a répondu le barreau ; il faut, au contraire, faire arriver aux honneurs le plus grand nombre possible.

Autrefois on décidait la même question en ces termes :

« Les nouveaux candidats sont-ils plus dignes que les anciens ? S'ils ne le sont pas, pourquoi changer ? »

Aujourd'hui la véritable loi s'est fait entendre :

« Y a-t-il parmi les candidats des caractères et des talents égaux aux caractères et aux talents des anciens élus ? »

Si oui, un devoir de conscience commande de les faire arriver à leur tour, parce qu'il est juste que les premiers honneurs soient partagés entre les plus dignes ; parce qu'une société qui veut grandir sans cesse doit couronner tous les efforts ; parce que c'est le seul moyen de maintenir le principe de l'égalité ; parce qu'enfin c'est par là que la véritable grandeur d'un corps peut être maintenue, en ne permettant à personne d'acquérir une situation prédominante qui ne serait pas fondée exclusivement sur l'élévation et l'activité du talent.

L'application de ces doctrines à l'élection des députés est une opération élémentaire. La réélection indéfinie des mêmes députés est chose funeste. Les corps qui ne se renouvellent pas dégénèrent, et, en cela, ils sont soumis à une loi générale de la nature ; le même terrain se refuse à produire sans relâche les mêmes semences.

La succession perpétuelle des membres de la même famille (j'entends par là les individus imbus des mêmes préjugés, suivant les mêmes traditions, vivant dans la même sphère sans mélange avec le reste de la nation) aux mêmes assemblées, est chose délétère. Elle présente une analogie singulière avec les alliances entre parents. La statistique établit que ces sortes de mariages engendrent souvent des sourds et muets. En fouillant dans l'histoire parlementaire on découvre les traces de cette loi naturelle. Elle nous explique pourquoi certaines gens sont toujours muets vis-à-vis du pouvoir et sourds aux ordres de leurs mandants.

Précisons, en terminant, plusieurs questions.

Dans quelles circonstances le devoir du suffrage ordonne-t-il de ne pas réélire le même député ? Dans tous les cas où le nouveau candidat présente des qualités égales à celles du député sortant.

L'expérience du député sortant n'est-elle pas préférable à l'inexpérience du candidat nouveau, et ce motif ne doit-il pas inviter à réélire le premier ?

Non. L'expérience étant une qualité précieuse, le pays a un intérêt capital à ce que le plus grand nombre possible de ses citoyens acquièrent cette expérience, et il n'obtiendra ce résultat que par des renouvellements incessants dans le corps de ces mandataires. Le nouvel élu ne s'endormira pas sur ses lauriers, car il sait que son rival est là, studieux observateur de ses actes et de ses fautes. Le député sortant non réélu est un admirable censeur, très-propre à éclairer ses concitoyens.

Jusqu'ici cette règle ayant toujours été méconnue, un député non réélu se considérait comme vaincu à jamais, il taxait ses électeurs d'ingratitude et se retirait dans sa tente, plus dédaigneux de la chose publique que s'il n'avait jamais occupé cette haute fonction ; il ne songeait même plus à se représenter. Ces mœurs, où la sottise de l'un le dispute à l'ignorance des autres, dénotent la plus déplorable absence du sentiment des devoirs mutuels. Élevons notre raison au modeste niveau du bon sens, et nous comprendrons l'absurdité de ces colères d'Achille dans l'ex-député, et la stupidité de l'oubli des services rendus chez l'électeur. Dans une société démocratique, le député non réélu doit servir d'aiguillon pour son successeur ; il doit se préparer en outre à reparaître aux élections suivantes, plus fort, plus capable, plus aimé, plus assuré d'un nouveau triomphe.

L'excellence de cette règle apparaît dans sa force, lorsque l'on considère ses effets dans les mœurs politiques des électeurs. Ceux-ci, convaincus des devoirs du suffrage, seront perpétuellement avides de rechercher parmi eux les plus robustes individualités. La certitude qu'aura le talent d'être apprécié par des hommes intelligents sera un puissant stimulant dans la cité ; aucune capacité équivoque n'osera se mettre sur les rangs ; les choix deviendront plus difficiles avec le concours répété, et si le caractère du candidat grandit, le jugement des électeurs, l'amour du bien public, se développeront avec une égale énergie.

En opposition, regardons le passé. L'usage du suffrage universel a-t-il jusqu'ici formé les mœurs politiques ? Au lecteur de répondre.

Un dernier avantage naîtra de la stricte exécution de ce devoir. Si d'un côté il ouvre carrière aux ambitions légitimes, il éloigne en même temps les cupidités égoïstes, et leur défend de profaner le pouvoir en en faisant le marchepied de leur fortune.

X

Des candidats solliciteurs du gouvernement. — Des candidats de l'opposition.

Nous éviterons, dans ce chapitre comme dans les précédents, de sortir du droit politique pour entrer dans la politique actuelle. Les principes éternels perdent à se circonscrire dans les limites étroites de la réalité d'un jour.

Une confusion de mots engendre naturellement une confusion d'idées, et les esprits les plus sûrs d'eux-mêmes n'échappent pas à cette conséquence. Prenons à titre d'exemple la phrase suivante, extraite d'un article du *Temps* (numéro du 2 octobre dernier) et signé par un des écrivains les plus justement distingués de la presse libérale, M. Nefftzer :

« Le gouvernement doit-il ou ne doit-il pas avoir de candidats : Que l'on nous comprenne bien : *Nous ne vou-*

lons pas dire qu'aucune prescription constitutionnelle ou légale interdise au gouvernement de manifester ses préférences ; le gouvernement a *pleinement le droit* de désigner les candidats dont le succès lui serait agréable. La seule question est de savoir si son intérêt lui conseille de faire usage *de ce droit.* »

Supposons un instant que dans quelques siècles notre histoire politique ait complétement disparu du globe, et qu'un savant de cette époque vienne à découvrir l'unique lambeau de phrase que nous citons. En sa double qualité de savant et de logicien, il tiendra le discours suivant à ses contemporains :

« En l'an 1862, les principes de 89 ne régissaient plus la France, et les germes en étaient même effacés dans l'esprit des écrivains qui brillaient alors, le gouvernement n'était plus réputé être fait pour le peuple, mais le peuple pour le gouvernement ; la puissance souveraine ne résidait plus dans la volonté nationale, le *droit* n'était plus réputé l'apanage de l'individu, l'État n'était plus le représentant, le mandataire du peuple ; il ne recevait plus de lui les pouvoirs nécessaires pour remplir les devoirs généraux que les membres d'une société sont dans la nécessité de faire accomplir par leurs mandataires ; il était maître absolu ; il avait usurpé le *droit*, et vraisemblablement il devait terminer ses décrets par cette phrase de l'ancien régime : « car tel est notre bon plaisir. »

« En effet, le fragment de journal que nous avons découvert renferme une argumentation qui lève tout doute à cet égard. L'auteur se demande si le gouvernement de son époque doit ou non présenter des candidats? Comment va-t-il procéder dans cette recherche? Si le gouvernement est le mandataire du peuple, il n'a que des devoirs et les pouvoirs nécessaires pour remplir ses obligations. Dans ce cas, le journaliste aurait examiné les lois existantes et cherché si l'une d'elles imposait explicitement au gouvernement le devoir de présenter des candidats soit dans toutes les élections, soit dans les cas prévus par la loi elle-même. Et il n'eût pas été possible à cet écrivain de suivre un autre mode d'investigation, car les lois civiles qui nous sont parvenues portent expressément dans un article 1989 : « Le mandataire ne peut « rien faire au delà de ce qui est dans son mandat. » La raison d'ailleurs indiquait suffisamment toute la différence qui sépare le *droit* du *devoir* :

« Pour quiconque a *droit*, tout ce qui n'est pas défendu est permis;

« Pour quiconque a *devoir*, tout ce qui n'est pas expressément ordonné est défendu.

« Or, le fragment que nous possédons suppose clairement la servilité du peuple et le despotisme de l'État. L'écrivain examine les lois et cherche, non pas *si elles ordonnent* au gouvernement de présenter des candidats, mais uniquement *si elles ne le lui défendent pas*. Le résultat de son travail est, dit-il, *qu'aucune prescription légale n'interdit* cette faculté au gouvernement, et que par conséquent le gouvernement *a pleinement le droit*.

« Si, au contraire, les principes de 89 n'avaient pas été anéantis en 1862, il aurait conclu tout différemment

et aurait dit : « Le gouvernement est le mandataire du
« peuple; comme tout mandataire, il n'a que des devoirs
« et ne peut rien faire au delà de ce qui est dans son
« mandat (art. 1989). Puisque aucune loi n'ordonne au
« gouvernement de présenter des candidats, donc celui-
« ci n'a pas cette obligation, et par conséquent n'a pas
« ce pouvoir; » on aurait suivi le même raisonnement
en matière de finances. Un citoyen, voulant savoir si le
gouvernement avait le pouvoir de faire telle dépense,
aurait recherché si une loi ordonnait ou autorisait la
susdite dépense; si la loi avait été silencieuse, il aurait
dit : « Aucune loi n'autorise cette dépense; elle n'est pas
« permise, donc elle est défendue, » et non pas comme
l'auteur du fragment : « Cette dépense n'est pas défendue,
« donc elle est permise. »

Que répondre à cette argumentation? J'avoue que j'ai
cherché longtemps et que mes efforts sont restés stériles.

Le lecteur tirera lui-même l'enseignement qui découle
de cet exemple. Notre savant journaliste a partagé l'erreur commune; il a confondu le droit avec le pouvoir, qui
peut être l'attribut du droit comme celui du devoir.

Or, l'État mandataire tire ses pouvoirs uniquement de
ses devoirs de mandataire; c'est à ce titre qu'il les a
demandés, et qu'il les demande chaque année pour le
vote des lois budgétaires ou autres. En présence de pareilles erreurs, une grammaire de droit politique ne serait-elle pas chose désirable! Notons, en passant, que
dans le langage du droit civil cette confusion n'a jamais
existé. Lorsqu'un notaire rédige une procuration, il n'é-

crira jamais : « ... donne à X..., son mandataire, le *droit* de faire telle chose, » parce que qui dit mandat, dit *devoir;* et que le mandant ne donne à celui-ci que le *pouvoir* de remplir les devoirs du mandat. » La procuration portera : « ... donne à X... *pouvoir* de, etc. »

Gardons-nous donc d'oublier que l'État n'est et ne peut être qu'un *fondé de pouvoir* de la nation, et que ce principe est écrit en grosses lettres sur le drapeau de 89. Ainsi, lorsqu'on cherchera si le gouvernement doit présenter des candidats, il ne faut pas se demander si la loi lui interdit cet acte, car le mutisme de la loi équivaudrait à une prohibition, mais bien si elle l'ordonne. Assurément, le gouvernement ne peut pas avoir le *droit* de présenter des candidats, puisqu'il n'a aucun droit, mais il se pourrait qu'il en ait le *devoir*.

Il est présumable que le lecteur me dira, qu'après avoir rétabli la question dans ses termes constitutionnels, il attend que je la discute, et que j'examine si ce devoir du gouvernement est tracé dans la Constitution, ou dans quelque partie de notre vaste corps de lois.

Cette étude me forcerait de descendre dans les détails de problèmes politiques à l'ordre du jour, et, comme je l'ai dit plus haut, telle n'est pas ma pensée. C'est par les mêmes raisons que j'écarte toutes les considérations qui arrivent en foule lorsqu'on se demande comment le gouvernement mandataire, qui doit être contrôlé par la Chambre, pourrait avoir le devoir de désigner ses contrôleurs, et de son levier puissant les faire monter jusqu'à lui.

Restons dans les principes. Celui qui aura à en rechercher l'application se livrera lui-même à ce travail;
le résultat n'en sera que plus fécond. Or, le principe
que nous avons voulu fixer dans ce chapitre est celui-ci :
Nul ne peut en conscience être candidat solliciteur du
gouvernement, qu'autant que celui-ci aura le devoir de
présenter des candidats.

Le titre de candidat de *l'opposition* est aussi déplorable que celui de candidat dévoué au gouvernement. Il
n'aurait de sens commun, que dans un État où deux partis
se disputeraient tour à tour le pouvoir. S'il est le drapeau
d'une minorité toujours impuissante, il vaudrait mieux
le changer par le titre de candidat des protestations.
Dans un État où la plus grande partie des pouvoirs sont
réunis entre les mains d'un seul, le mot d'opposition est
factieux à l'égard du chef de l'État, comme le mot dévoué
au gouvernement est trahison à l'égard de la nation. Dans
la pensée de ceux qui les emploient, ces termes ont donc
une signification autre que leur signification propre. Mais
pourquoi employer des mots dont la définition exigerait
un volume et varierait dans la bouche de chaque candidat? N'est-il pas naturel, quand on sollicite un mandat,
de parler un langage compréhensible pour les électeurs?
La langue française n'est pas d'une pauvreté telle, qu'elle
ne puisse permettre de rendre clairement sa pensée.

Le titre de candidat *conservateur* ne vaut guère mieux
que les autres. Conserver quoi? l'état de choses actuel?

les anciennes ruelles de Paris, la rue du Four-Saint-Germain, la prison cellulaire, la loi de sûreté! C'est donc supposer tout parfait ! c'est croire que l'humanité est arrivée à son apogée, qu'elle n'ira pas plus loin. Les gens qui pensent de la sorte sont aptes à passer leur vie devant un miroir : il faut les y laisser. Qui ne s'aperçoit que le mot *conservateur* a été biffé en 89, parce qu'il signifiait, avant cette époque, conservation des priviléges, des monopoles, des usurpations de deux castes sur le peuple? Vraiment, les mots greffés sur les vices d'un régime odieux devraient avoir la pudeur de ne pas reparaître !

Un esprit sensé et observateur ne peut nier les forces, les énergies qui entraînent l'humanité en avant. Il ne s'agit pas pour une société de conserver,— cela va de soi, une société ne se suicide pas ; — sa loi est d'acquérir, de progresser. Mais le progrès peut marcher à toute vapeur ou à petite journée. La seule lutte raisonnable serait donc entre les partisans du progrès rapide et les amis des transformations lentes.

XI

Si un fonctionnaire peut imposer à ses subordonnés un candidat de son choix.

En admettant qu'un gouvernement ait le devoir de présenter des candidats (question en dehors de notre sujet), il est indispensable de faire rayonner la vérité des principes sur les rapports des subordonnés avec leurs supérieurs. Un fonctionnaire peut-il dire à son employé : « Le gouvernement préfère tel candidat, je vous ordonne de voter pour celui-là ? » Non, certes ! Un pareil ordre serait un attentat, non pas seulement contre la liberté du citoyen, mais contre la plus grave de ses obligations.

C'est dans cette circonstance qu'apparaît toute la puissance du devoir du suffrage. Si le suffrage reposait sur un droit, le supérieur aurait pu tenir à son subordonné le langage suivant : « Vous avez le droit de voter, vous êtes libre d'en user ou de n'en pas user, de voter indifféremment pour celui-ci ou celui-là ; votre intérêt vous commande avant tout de me plaire ; on *peut toujours transiger sur un droit*, vous êtes donc libre de voter pour mon candidat, et si vous ne le faites je vous destitue ! »

Mais le suffrage est un devoir, et on ne *transige pas sur un devoir*.

Le citoyen (fonctionnaire ou autre) a le devoir de choisir selon sa conscience et ses lumières, et ce devoir est le premier entre tous. Nulle puissance au monde ne peut, sans profanation, lever la main sur un devoir de conscience ; nulle bouche ne peut, sans blasphémer, proférer des injonctions aussi sacriléges.

Sans doute, tout électeur (fonctionnaire ou simple citoyen) a la faculté d'éclairer ses voisins, ses amis, ses employés. Il peut leur faire part des raisons qui le poussent à rejeter celui-ci comme peu loyal, d'une capacité douteuse et d'une indépendance interlope, et à voter au contraire pour celui-là dont la vertu est à toute épreuve et le talent incontestable.

Mais aller au delà, imposer sa volonté, mettre à la fois l'homme aux prises avec son intérêt et sa conscience, lui faire trahir son devoir, est une indignité. Entre l'action du maître qui dit à son ouvrier : « Vote pour un tel ou je te chasse, » et celle du coupeur de bourse qui vous place le pistolet sur la gorge, je ne vois, en morale, aucune différence.

Bossuet a dit : « Il n'y a pas de droit contre le droit. » Nous dirons avec juste raison : *Il n'y a pas de droit contre le devoir !*

S'il advenait qu'un maître fût assez oublieux de sa propre dignité pour se rendre coupable d'un pareil crime vis-à-vis de son ouvrier, nous ne conseillerions pas à ce dernier de se priver de son gagne-pain s'il n'est pas assuré d'en trouver ailleurs, il faut vivre d'abord ; mais le devoir de l'ouvrier sera de trouver d'irrécusables témoins de son pénible sacrifice, et, le jour où il sera libre, de raconter la tyrannique histoire partout, en tous lieux, sans se lasser ; car, s'il a manqué forcément à son devoir, il est obligé d'en avertir la société le plus tôt qu'il sera possible. Elle a un grand intérêt à pénétrer ces mystères pour sauvegarder l'avenir. Il y a quelque chose de plus triste que d'être esclave ou serf, c'est de masquer hypocritement ses chaînes.

C'est être deux fois esclave que de jouer effrontément l'homme libre.

XII

Du rôle des journaux dans les élections.

Le suffrage universel peut-il se comprendre sans la liberté de la presse, sans la faculté de discuter le mérite de chaque candidat?

Le gouvernement provisoire avait fait acte de haute justice en abolissant l'impôt du timbre pendant la période électorale. Il avait compris que le suffrage universel ne peut fonctionner sans la liberté de la presse. Douze jurés peuvent discuter et s'éclairer mutuellement dans la chambre des délibérations; mais trente mille électeurs sont impuissants à se concerter et à délibérer sans une publicité considérable, sans l'intermédiaire de journaux indépendants, nombreux et à bon marché.

La liberté illimitée de la presse sera toujours et nécessairement un des meilleurs champions de la vérité. Les provocations et les manifestes n'enflamment ou ne découragent que les âmes faibles. Une société virile, par la seule force de ses mœurs, impose bien vite à la presse l'obligation des discussions sérieuses, en n'accordant de succès durables qu'aux recherches consciencieuses de la vérité.

Le régime des monopoles et des priviléges paraît conduire au résultat contraire, si l'on en croit certains polé-
mistes qui ont lancé toutes leurs foudres sur la vénalité
et la corruption des journaux. Il nous paraîtrait, dans
tous les cas, injuste d'imputer exclusivement la faute
au corps des journalistes ; nul ne peut échapper à son
siècle, et, comme dit le sage : « Dans les bons temps on
est meilleur que soi-même ; on est pire dans les temps
mauvais. »

Rechercher quel sera le rôle d'une presse privilégiée,
c'est se demander quels devront être les rapports du
maître avec le valet, du seigneur avec son vassal. Ren-
voyons ces questions au droit divin et au droit social.
Des reproches sur l'exercice des monopoles seraient in-
tempestifs et peut-être peu légitimes. Chaque privilégié
use de sa faveur comme bon lui semble ; les idées de justice
n'ont rien à faire dans cet ordre de choses.

Si, malgré les influences de son temps et les conseils
de l'intérêt, malgré la fascination de la puissance, un
journaliste reste indépendant, celui-là a une énergie de
caractère et une grandeur d'âme peu communes ; notre
pays a toujours produit, tant à Paris qu'en province,
bon nombre de ces natures d'élite. Les réflexions suivantes du *Temps*, sur les devoirs du journalisme, nous
en fournissent de nouveau la preuve.

« . . . . . Vous connaissez mon opinion sur les candidatures des rédacteurs en chef de journaux parisiens.
Dans l'état actuel des choses, et sous l'empire d'une législation qui fait des journaux des objets aussi importants

que fragiles, je les trouve mauvaises. Je veux que l'indépendance du député soit élevée au-dessus de tout soupçon. Or, je ne crois pas que l'homme, dont la propriété peut s'évanouir au souffle d'un décret, soit dans les mêmes conditions d'indépendance que celui dont la propriété est protégée par le droit commun, ou qui n'a pas de propriété du tout; je n'aime pas, je ne conçois pas volontiers un député de l'opposition assiégé au moment d'un discours ou d'un vote, par des arrière-pensées d'avertissement, de suspension ou de suppression.

« ..... Je ne suis point l'ennemi des comités; je reconnais à tout citoyen la faculté de dire son mot dans les élections, et d'user de son autorité pour faire prévaloir ses préférences... Mais, autre chose est de proposer autre chose est d'imposer... Les journaux ont pour mission de faire la lumière, et non de la supprimer...

« *Le Temps* ne s'inféodera à aucune liste, pas plus à celle des Cinq qu'à tout autre. Il publiera toutes celles qui pourront se produire, il les discutera; il ne fera le silence autour d'aucune candidature; il aura ses préférences, mais il les motivera. Dans la lutte qui se prépare, et dans laquelle il n'apporte aucune préoccupation personnelle, il ne veut d'autre rôle que celui de conseiller désintéressé du suffrage universel. Ce rôle épuise son droit, définit son devoir, et suffit à son ambition.

« NEFFTZER. »

Un tel programme se passe de commentaire !

XIII

Tous les électeurs sont obligés de connaître la loi électorale.

La librairie Pagnerre vient de faire paraître une nouvelle édition d'un petit livre ayant pour titre : MANUEL ÉLECTORAL, *guide pratique pour les élections au Corps législatif, aux conseils généraux, aux conseils d'arrondissement et aux conseils municipaux*, par MM. Dréo, Clamageran, Durier, Ferry, Floquet, Hamel et Herold. L'ouvrage est fait de main de maître, ce qui n'a pas lieu de surprendre, en raison du talent bien connu des auteurs, avocats à la cour impériale et à la cour de cassation.

La lecture de ce *Manuel* suggère bien des réflexions, et quelques-unes portent avec elles un profond sentiment de tristesse. Que de difficultés surgissent autour de l'urne électorale ! que de luttes ! que de passions ! que de machinations étranges pour enlever au scrutin les caractères de sincérité et de noblesse qui devraient être sacrés pour tous !

N'est-ce pas chose pitoyable qu'au soixante-quatorzième anniversaire de 89, nous ayons besoin d'un catéchisme électoral pour apprendre à chaque citoyen l'art de défendre *ses droits*? Que dis-je ses droits ! son *premier de-*

voir! Si nous possédions l'énergie et les vertus de nos grands-pères, un pareil livre serait complétement inutile. Le sentiment du devoir serait si vivace dans nos mœurs, qu'on ne ferait d'ouvrage de cette sorte qu'à l'usage des enfants. Les hommes exigeraient des livres, non plus traitant du point de départ, des principes, mais développant les conséquences appelées par un progrès incessant.

Pas de doute que Mirabeau, si on lui eût demandé ce que le journal de la librairie annoncerait en l'an de grâce 1863, n'eût aussitôt répondu : « Si l'esprit humain marche avec la même célérité que depuis vingt ans, il ne sera nullement question des droits : ceux-là ne seront pas plus discutés que la lumière du soleil. Quant aux devoirs, c'est différent. Leur accomplissement perfectionné est indéfini. En 1863, on sera probablement assez avancé pour discuter toutes les qualités nécessaires aux candidats. Alors de tous les coins de la France s'envoleront des brochures ayant des titres analogues à ceux-ci : *De la nécessité pour le candidat de prouver aux électeurs qu'il connaît mieux que personne les besoins des communes de son département;* ou encore : *Des devoirs pour les électeurs d'exiger que chaque candidat ait une connaissance approfondie des lois;* ou bien : *De l'obligation, pour chaque mandataire politique, de répondre dans le journal de son arrondissement, à toute demande signée par cinq électeurs;* ou peut-être : *Des amendes à infliger à tout électeur qui se sera abstenu de voter;* ou enfin : *Des devoirs du suffrage universel dans toute so=*

ciété politique, industrielle, commerciale ou agricole. »

Ainsi eût répondu Mirabeau, et certes il ne lui serait pas venu à l'esprit que toute notre éducation politique serait à refaire, et que nous serions descendus au point de saluer, comme un événement heureux, la publication d'un petit manuel électoral.

Il ne faut pas craindre de l'avouer, la faute de cette éducation enfantine doit remonter, à nos pères nés au commencement du siècle. Nos aïeux de 89 sentaient fort bien que le sentiment du droit seul forme les générations vigoureuses ; ils n'ignoraient pas que pour conquérir il suffit de la bravoure et de l'intelligence d'une partie de la nation, mais que pour conserver et féconder les conquêtes, il faut graver dans le cœur des masses les grands principes inscrits sur le drapeau. Mais, ces géants de 89 furent emportés dans la tourmente, sans avoir achevé leur œuvre.

Leurs fils, nos pères, élevés par eux à la première dignité d'homme, à la dignité du citoyen, n'en conservèrent que l'orgueil et les appétits, et ils oublièrent qu'ils ne devaient pas passer un jour sans répandre la connaissance et le sentiment des droits et devoirs au plus profond des masses, sous peine de faillir au devoir de solidarité. Les historiens qui fouilleront ce recoin des temps modernes auront une triste page à écrire. Qui de nous est sorti de l'école et du collége sachant les premières notions du droit ? C'était dans la Déclaration des droits de l'homme qu'il fallait nous apprendre à lire ! Envoiet-on jamais un soldat à la bataille sans l'avoir exercé pendant plusieurs mois? Avant de prendre la route du scrutin, l'électeur aurait dû subir un long apprentissage dans sa jeunesse. Apprendre à être citoyen devrait faire partie de l'éducation et de l'instruction primaire, car une mauvaise éducation laisse des traces profondes pendant la vie.

Autre considération qui prouve combien a été délaissée la meilleure partie de l'héritage de nos aïeux. Ce petit *Manuel électoral*, de M. Dréo et Cie, est fait à Paris, par des citoyens de Paris, publié par un éditeur de Paris... toujours Paris! Et que fait donc la province? Il n'y a donc pas à Lyon, à Bordeaux, à Marseille, à Rouen, à Lille, des jurisconsultes jaloux de répandre les notions du droit dans leur circonscription électorale? Il y a quatre-vingts ans, il n'en était pas ainsi, comme le prouvent les fécondes études de M. Chassin, dans son *Génie de la révolution*.

Soulevons encore un autre coin du voile. Ce *Manuel électoral* est signé et approuvé par des hommes bien connus par leurs opinions, appelées républicaines en 1848. Comment se fait-il que les autres groupes politiques gardent le silence? Les légitimistes n'ont donc aucun intérêt à cette grande œuvre sociale? Les orléanistes rêvent-ils donc les élections censitaires? Les impérialistes ne comprennent donc pas que la gloire du souverain dépend de la virilité du citoyen, de son intelligence et de son indépendance? Les cléricaux, qui savent si bien faire des mandements, oublient donc que leur premier devoir, vis-à-vis de tous, est d'être citoyen? Où donc est leur *Ma-*

nuel électoral? Et tous les élus, les députés, les conseillers généraux, pensent-ils que leur vague profession de foi suffit à leurs mandants ? Ce n'est pas la fortune qui manque à la plupart, et on ne les accuse pas d'avarice au moment des élections, pourquoi ne confectionnent-ils pas une œuvre sérieuse, qu'ils répandraient dans toutes les communes avec leurs bulletins électoraux ?

Chaque élu devrait offrir à ses électeurs ou gratuitement ou à très-bon marché (au prix de revient), une étude des droits et devoirs des mandants et mandataires. Un pareil livre porterait témoignage de la valeur du candidat.

Hélas ! nos pères ont jeté de côté les manuscrits de leurs ancêtres, et quand nous sommes nés, le trésor était disparu, et quand nous avons cherché, nous avons retrouvé leur testament enfoui, Dieu sait sous quelles paperasses !

Pendant que l'*Almanach Boiteux* de Strasbourg se publie chaque année à *deux cent mille* exemplaires, il ne se tire en province ni un seul manuel électoral, ni le moindre petit traité sur les droits et devoirs des mandants et des mandataires. En Suisse on a vu des gardeurs de vaches lisant le *Phédon* ; le laboureur français apprend la politique et la philosophie dans l'*Almanach Boiteux*.

Jugeons nos pères en fils respectueux, mais émancipés. Gardons-nous de leur incurie, sachons par cœur le *Manuel électoral*, et n'oublions pas que pour produire de riches moissons, les germes de 89 demandent chaque année de profonds labours et une culture soignée.

XIV

Même sujet. — C'est à l'époque des élections que l'on peut juger la valeur d'une loi électorale.

« A l'œuvre on connaît l'artisan, » dit avec raison un proverbe. L'excellence d'une loi électorale ne sera constatée que par l'expérience. C'est dans l'application d'une loi que la publicité de la presse est surtout de nature à rendre d'éminents services, elle fera toucher la plaie du doigt; aussi devons-nous considérer les critiques judicieuses faites cette année par les journalistes libéraux, comme de véritables services publics; grâce à leurs efforts, il reste prouvé aujourd'hui que la loi électorale est violée forcément et au grand jour sur un grand nombre de points.

Entre cent exemples, qu'il nous soit permis de raconter une conversation que nous entendîmes dans les bureaux d'une des mairies de Paris, au mois de janvier de cette année :

— Vous paraissez avoir forte besogne, dit un électeur?

— Effroyable, monsieur; depuis le 4 novembre mes cinq employés et moi travaillons comme des forçats. L'année dernière nous avions 17,000 électeurs inscrits;

cette année le chiffre dépassera 20,000. Ce qui nous effraye, ce sont les réclamations et l'impossibilité où nous serons toujours d'exécuter la loi.

— Comment, vous n'exécutez pas la loi?

— Certainement non! Il y a impossibilité complète, radicale. Ceux qui en parlent nous font hausser les épaules. Les forces humaines ont des bornes. Comment est-il possible de répondre à tous les électeurs qui viendront vérifier sur les registres si réellement ils sont inscrits? Le calcul est simple : le tableau des listes (c'est-à-dire *nos registres*, car on ne peut faire des listes-affiches de 20,000 noms avec prénoms, domicile, profession) sera mis pendant dix jours à la disposition du public.

Supposons tout dans l'ordre le plus parfait, il faut compter au moins une minute pour répondre à chaque électeur qui veut savoir s'il est inscrit, soit 60 par heure, 600 par jour, 6,000 pendant dix jours!

Or il y aura 20,000 inscrits.

Donc, 14,000 électeurs ne pourront vérifier si leur nom est réellement sur nos registres!!

Et cependant la loi veut que chaque électeur puisse vérifier s'il est inscrit!

— Ce n'est pas tout, ajoute un autre employé, les ouvriers se montrent les plus zélés à vérifier leur inscription sur la liste (le registre). Or, les ouvriers n'ont de libre que l'heure des repas. Ils se hâtent, forment une queue formidable, attendent deux ou trois heures avant que leur tour arrive, et s'en retournent mécontents, en criant que nous violons la loi, que nous voulons diminuer les listes. Réclamations injustes, l'administration faisant tout ce qu'il est possible, humainement parlant.

La loi est violée forcément par suite de notre affreux système d'élection.

— Mais, dit mon compagnon, il n'y a donc pas de remède au mal?

— Un seul, monsieur, un seul, très-bon, très-praticable, parfait, excellent, *le système Émile de Girardin...* la carte civique donnée à chaque citoyen, carte qui évite toute difficulté, qui révèle les électeurs exclus, qui laisse moins de prise à la fraude.

— Et qui procure une incalculable économie de temps et d'argent, dit un deuxième employé.

— Et de fatigue, ajoute un troisième.

— Et qui permettrait de ne pas violer en plein jour une loi bonne au fond, déplorable en sa forme, reprend le premier. Tous ceux qui, comme nous, connaissent ces choses-là en pratique, voyez-vous, sont convaincus qu'il n'y a de salut que dans le *système Girardin.* Notre maire, qui pourtant est un abonné du *Constitutionnel* et point de *la Presse,* reconnaît la nécessité de cette réforme.

Je passe le reste de la conversation, qui roula sur la facilité merveilleuse avec laquelle M. E. de Girardin se jouait des plus grosses difficultés, partant du faux pour arriver au vrai, prenant le point de départ le plus dangereux pour arriver parfois à des applications très-justes, qu'il lui eût été donné d'atteindre bien plus sûrement en partant des principes de 89 et de la liberté.

Quoi qu'il en soit, le colloque précédent nous fournit un grave enseignement. Une loi violée forcément! Et personne ne dit mot.

La cause de ce mal remonte bien loin : à la routine qui préside depuis des siècles à la confection des lois. On croit naïvement que parce qu'un principe est éternel, on doit le promulguer dans des formes invariables!

Une loi, bonne ou mauvaise au moment de sa naissance, porte presque toujours en elle un germe de mort; et, chose curieuse, ce germe sera dans le mode d'application de la loi.

Les principes sont éternels, les moyens de les appliquer doivent varier sans cesse. Promulguer des moyens invariables est chose insensée! Demain ils ne seront plus en harmonie avec l'état de la société; on les éludera, on rejettera la forme, mais par malheur on repoussera également le fond, et cependant chaque oubli d'un principe est un véritable désastre social.

Une loi n'est bien faite que lorsque, après avoir proclamé le principe naturel, elle ne promulgue que pour un temps très-limité les moyens d'application, et laisse à l'esprit humain la faculté d'un travail incessant pour perfectionner l'instrument, c'est-à-dire les moyens d'arriver plus près du but.

Qu'arriverait-il si un gouvernement mettait au concours avec un prix de cent mille francs la question suivante : « Des moyens les plus simples et les plus justes d'appliquer le suffrage universel? »

Ce qui arriverait?

Le gouvernement a été loué pour avoir mis au concours la construction du nouvel Opéra.

Il serait acclamé s'il agissait de même pour les lois. A certains égards une bonne loi, bien faite, vaut peut-être un Opéra !!

XV

Procédure électorale. — Juridiction de la chambre. — Oubli funeste du droit.

Que jamais la moindre fraude électorale ne reste dans l'ombre, que tous la dénoncent, la poursuivent et réclament sa répression ; que tous comprennent bien qu'une violation de la procédure électorale entache de nullité l'élection elle-même. Faisons bien sentinelle autour des listes électorales, de la procédure électorale et de l'urne électorale ; nous sommes tous garants solidaires de la nomination sincère de nos jurés législateurs. Le vote est un acte de justice préparatoire, ne l'oublions pas et veillons aux conséquences, car elles sont graves.

Les électeurs ont-ils jamais songé à la grandeur du principe qui dicte les arrêts de la cour de cassation ? Une grosse affaire a occupé pendant des mois entiers un tribunal ou une cour ; les travaux ont été rudes, les procédures compliquées, les frais considérables, enfin la sentence a été rendue. Une des parties se pourvoit en cassation, signale une faute de procédure, un mince vice de forme, que fait la cour? Elle casse l'arrêt, tout sera à recommencer. — Mais, dit l'autre partie, ce vice de forme est insignifiant, je demande à prouver qu'il n'a pu influencer la sentence des juges et que le renvoi devant une autre cour ne pourra changer en rien le résultat final. Qu'importe, dit la cour de cassation, je ne suis pas juge de ce point, la partie est seule juge de son intérêt à invoquer son droit. Pas de garantie de procédure, pas de justice!

En matière de fraude électorale que se passe-t-il? Hélas! je donnerais beaucoup pour ne pas avoir à écrire la vérité suivante : l'ignorance des anciennes chambres sur les premières notions de la justice en fait de procédure, est flagrante. Chacun des anciens députés a pu sentir battre en soi le cœur d'un grand citoyen, je ne le nie pas, mais le rayon de la pure justice qui fait les grands magistrats n'a pas brillé, à cet égard, dans le cerveau des chambres. Pour juger les conséquences des fraudes électorales, on avait à choisir comme point de départ entre la justice et l'intérêt. On prit l'intérêt, et l'on se dit : voilà une fraude, un vice de forme, avons-nous à examiner si le fait est certain; et, si la certitude est acquise, devons-nous annuler l'élection? Non. Examinons d'abord si le vice signalé aurait pu changer le résultat final. S'il n'a pu porter atteinte au résultat définitif, qu'importe le vice de forme? Passons à l'ordre du jour!

En matière civile et commerciale, ceci s'appellerait un déni de justice !

Le jour où une chambre française, oubliant qu'elle allait statuer comme cour de cassation, a rendu un tel arrêt en matière d'élection, nous avons éprouvé un senti-ment indicible et il nous a semblé que la nuit se faisait autour de nous.

XVI

Le suffrage universel a un double but : 1° le développement de la capacité et de la dignité de l'électeur ; 2° le choix d'un bon mandataire.

Si la majorité d'un pays s'imaginait que le but exclu-sif ou principal de l'exercice du suffrage universel con-siste dans la nomination d'un bon député, je considére-rais cette erreur comme une calamité publique ! Il serait, dans ce cas, préférable de mettre cette fonction au con-cours : le but serait plus sûrement atteint.

Élever le citoyen, l'habituer à prendre part à la chose publique, former son jugement, lui apprendre à con-naître les hommes, à peser leur valeur, le faire passer de l'état de vile multitude (épithète qu'un ministre jeta un jour impunément) à l'état de peuple intelligent et juste, le préparer par là à suivre sans bouleversement la route d'un progrès indéfini : tel est le but capital du suffrage universel.

Le but secondaire, quoique très-important, est le choix d'un bon mandataire.

Afin de rendre cette vérité plus sensible, plaçons en parallèle : 1º un peuple qui, pendant un demi-siècle, donne nonchalamment ses suffrages à un candidat qu'il ne choisit pas, mais qu'on lui désigne, ou encore, qui se contente de réélire indéfiniment les mêmes représentants; et 2º un peuple choisissant activement ses candidats conformément aux devoirs du suffrage.

Dans la première hypothèse, il n'est pas impossible que, dès le principe, les chefs chargés de désigner les candidats aient fait d'heureux choix ; alors, la représentation sera brillante, et, comme on aura évité par ce système les tiraillements et les discussions, il en résultera une quiétude générale présentant l'apparence d'une harmonie de bon augure.

Mais bientôt un mal, le pire de tous, naîtra et croîtra. Les mœurs politiques s'abaisseront; le citoyen s'enfermera dans la vie privée en disant : « Chacun pour soi; » la chose publique lui deviendra indifférente ou étrangère ; le gouvernement ne sera plus l'âme vivante de la nation; les liens qui l'unissent au pays se seront bientôt détendus et brisés. Que de graves événements surgissent et que le gouvernement fasse appel au peuple, sa voix restera sans écho; l'individualisme hochera dédaigneusement la tête en murmurant : « Autant celui-là qu'un autre. »

Ainsi le gouvernement courra à sa perte, et la décadence de la nation sera rapide.

Comme un gouvernement ne peut tenter des réformes qu'autant que l'esprit public est préparé à les recevoir (on ne doit semer même un ordre que dans un terrain bien préparé, disait Turgot), il sera de toute impossibilité d'exercer sur les mœurs une influence rénovatrice. La puissance de l'orateur ou de l'écrivain, fût-il chef de l'État, n'est pas seulement en lui-même, mais beaucoup dans ceux qui l'écoutent. Ayant perdu l'habitude de parler, le peuple perdra vite celle d'écouter; un froid mortel gagnera tout le corps social, la fin sera proche.

Considérons maintenant ce qui se passera dans la seconde hypothèse.

Les électeurs s'agiteront pour les élections; comme ils sont ignorants, crédules, faciles à corrompre, beaucoup de mauvaises passions obtiendront de faciles triomphes. La corruption aidera au succès du vent doré que gonfle la sottise. Le candidat vide d'idées, mais beau parleur, entraînera les crédules naïfs ; l'homme au casque doré éblouira les ignorants. En somme, le résultat des élections sera médiocre et l'administration des affaires publiques laissera voir des côtés défectueux.

Mais le germe de toutes les améliorations est semé, il ne tardera pas à se développer. Les électeurs ont travaillé activement à la nomination de leurs candidats, ils en ont fait *leur chose*, ils ne l'abandonneront pas, ils l'étudieront à l'œuvre. Le naturel de l'homme est de s'attacher à tout ce qui lui a coûté travail et souci. Ils ne tarderont pas, grâce au concours de la presse, à s'apercevoir de leurs erreurs, car, aux époques de libre examen, les hautes sphères sont très-propres à mettre en relief le talent comme l'ignorance, les qualités comme les vices. Les élections suivantes constateront, certainement, un progrès réel, et ce progrès ne sera pas enrayé, par cette raison toute simple que, mieux l'assemblée sera composée, plus les incapacités et les vices partiels choqueront. N'est-il pas vrai que plus un objet est brillant, plus les défauts sont disparates; que plus une terre est cultivée avec soin, plus les mauvaises herbes font tache, appellent l'attention du jardinier? Sachons-le bien : les lois qui régissent les rapports de l'homme avec la nature ne sont pas si différentes que l'on croit des lois régissant la vie sociale.

Personne ne doutera qu'au bout de cinquante années de ce travail électif, la société qui l'aura pratiqué ne soit bien supérieure à celle dont nous avons examiné en premier lieu la marche et prévu la prompte décadence.

L'auteur de *l'Esprit des lois* reste frappé d'étonnement en considérant la suite non interrompue, pendant plusieurs siècles, des grands hommes que le peuple romain plaçait à sa tête par la voie du suffrage. La cause de cette grandeur n'est pas dans la nature particulière de ce peuple. Chaque Romain en naissant n'était pas plus richement doué que tout autre enfant né en Germanie ou en Grèce. Il puisait sa force dans son éducation politique ;

il assistait dès sa jeunesse à toutes les luttes électorales,
et, arrivé à l'àge viril, il savait choisir entre les meilleurs.

L'éducation politique devrait être la pensée incessante
de tout homme d'État. Elle seule donne à un peuple la
véritable force, et la meilleure éducation politique est
dans l'exercice du suffrage. Là est le but principal,
comme nous le disions en commençant; le choix d'un
bon député n'en sera que la conséquence.

XVII

**La seule véritable grandeur de l'homme ou d'une société est
dans l'accomplissement des devoirs.**

« Le genre humain, écrivait un sage penseur, M. An-
tony Méray, ne revient jamais sur ses traces, l'histoire
nous le dit; il ne se meut pas dans un cercle fermé,
comme l'ont pensé certains philosophes tristes. Dans sa
marche progressive, il agrandit sans cesse les courbes de
la spirale indéfinie qui est la loi véritable de son mouvement. »

N'en déplaise à l'humeur chagrine de ceux qu'effraye
l'inconnu, je voudrais que cette vérité fût enseignée comme
axiome politique et écrite dans toutes les constitutions

La nôtre la reconnaît implicitement, il est vrai, en prenant pour base les principes de 89 ; mais ces principes primordiaux doivent être gravés profondément en tête des tables de la loi. Qu'adviendrait-il d'une société qui crierait : « Halte ! n'allons pas plus loin, tout est pour le mieux, appliquons-nous seulement à conserver, plaçons des gendarmes à chaque porte et vivons en repos ? » Tout change et se renouvelle autour de nous, et l'homme seul voudrait être immuable — pensée incompréhensible ! Empêcher le trouble, arrêter les malfaiteurs est un devoir de protection sociale ; mais le gendarme, s'il protége la propriété, ne la crée pas, s'il empêche le mal, n'engendre pas le bien. L'homme ne crée que par la liberté du travail et la liberté de la pensée. Voilà l'œuvre féconde du Créateur que la société doit protéger efficacement. Placer un gendarme à la porte de la pensée, à la porte de l'atelier, ce serait le plus grand des crimes, s'il n'était un acte de folie.

Protéger la liberté individuelle, la liberté de la pensée, la liberté du travail, a été l'ambition de tous les grands cœurs qui ont passé sur terre. Ouvrons l'histoire, elle n'attache de grandeur véritable qu'aux hommes et aux sociétés qui ont pratiqué ce devoir de protection sur plusieurs de ces libertés. C'est à ce titre que nous honorons les grands siècles, et, quant à la cause de leur décadence, nous la trouvons sans peine dans l'oubli de ces devoirs primordiaux à l'égard d'une ou plusieurs de ces libertés.

De nos jours, ce sentiment éclate avec plus de force,

les bouches les plus éloquentes le proclament. Les gouvernements perdent peu à peu le langage du Roi-Soleil[1]; ils aperçoivent qu'ils ont un mandat : «Je suis le premier représentant du peuple, disait Napoléon Ier; » ils comprennent qu'on ne devient point illustre par *l'exercice de son droit* (comme on parlait dans l'ancien temps): et, s'ils se servent du mot mission, ils ne l'emploient que comme synonyme de devoir. D'autres s'empressent d'écrire que la seule grandeur est dans l'accomplissement de ces devoirs qui permettent à l'humanité de marcher sans halte. J'en citerai pour preuve ce passage extrait du récent discours d'un magistrat de l'ordre le plus élevé, le procureur général Cordoën :

« Laissez-moi vous lire, en terminant, un court passage d'un livre justement célèbre, qui peint en termes saisissants les *devoirs des gouvernements* dans les sociétés modernes :

« Le meilleur gouvernement est celui qui remplit bien sa mission, c'est-à-dire qui se formule sur le besoin de

---

[1] Le sentiment du devoir des gouvernements a pénétré dans l'opinion publique, à tel point que le gouvernement prussien, même en violant la constitution, cherche à abriter ses usurpations derrière ses devoirs. M. de Bismark dit à la chambre : « Le gouvernement se rendrait *coupable d'une grave violation de ses devoirs*,... s'il consentait à restreindre les forces militaires de la Prusse, etc. »
Sans doute ce langage est hypocrite, car nul ne peut violer un devoir sous le fallacieux prétexte de remplir un autre devoir. Mais de même que l'hypocrisie est un hommage rendu à la vertu, de même cette invocation perfide des devoirs est un hommage au principe nouveau des sociétés modernes que, par une confusion déplorable, on a qualifié *droit public* au lieu de *devoir public*, son vrai nom.

l'époque et qui, en se modelant sur l'état présent de la société, emploie les moyens nécessaires pour créer une route plane et facile à la civilisation qui s'avance. » (*OEuvres de Napoléon III*, t. Ier, page 24.)

LIVRE III

DEVOIRS

DU

SUFFRAGE UNIVERSEL

APRÈS L'ÉLECTION

I

Obligations des électeurs après l'élection du député.

Au moment où l'ancien régime allait rendre le dernier soupir, on disait :

Qu'est-ce que le tiers état? Rien.

Que doit-il être? Tout.

Aujourd'hui, il nous faut compléter la formule de nos pères, et dire :

9.

Qu'est-ce que le citoyen, l'individu ? Rien.

Que doit-il être ? Tout.

En effet, lui seul est réel et non fiction; lui seul possède le *droit*, cette royauté individuelle de l'homme vivant en société ; il est mandant, et l'État, qu'il s'appelle député, juge, etc., n'est que mandataire. « Dans une société, dit M. Lanfrey, le pouvoir n'est ni le but ni la fin; il n'est qu'un moyen. » Le mandant doit-il étudier l'excellence du moyen, en un mot, surveiller et contrôler les actes de ses mandataires? Sans aucun doute, puisque tous les individus sont garants solidaires de la conservation de leurs droits naturels et civils (Décl. des droits), et que le but de leur association est précisément la parfaite garantie de ces droits. Les électeurs n'ont donc pas abdiqué le jour du vote, ils ont choisi des chargés d'affaires ; leur obligation est maintenant de surveiller leurs actes, de contrôler leurs gestions.

Comment ? Par quels moyens ? Dans quelle mesure devront s'accomplir les obligations réciproques des mandants et des mandataires, des citoyens et des députés?

Les devoirs réciproques sont édictés dans le code Napoléon au chapitre du *Mandat*, en ce qui touche les principes généraux.

Ainsi :

« Le mandat est un acte par lequel une personne donne à une autre le pouvoir de faire quelque chose pour le mandant et en son nom. — Le contrat ne se forme que par l'acceptation du mandataire (article 1984). »

« Le mandataire ne peut rien faire au delà de ce qui est porté dans son mandat (article 1989). »

« Le mandataire est tenu d'accomplir son mandat tant qu'il en demeure chargé (article 1991). »

« Tout mandataire est tenu de rendre compte de sa gestion (article 1993). »

« Le mandataire peut renoncer au mandat (article 2007). »

Trois de ces règles sont applicables, sans contestations, au mandat de député.

« Le député reçoit et accepte mandat de voter les lois et impôts pour et au nom des citoyens. »

« Il est tenu de remplir son mandat tant qu'il en demeure chargé. »

« Il est tenu de rendre compte de sa gestion à ses mandants. »

Les mêmes devoirs découlant des mêmes principes, *a priori*, la nécessité pour chacun de rendre compte de sa gestion incombe au député.

Il reste à se demander si l'on doit appliquer ici les deux autres principes et dire avec le code Napoléon : « Le député ne contracte les obligations de son mandat que quand il a accepté son élection. » — « Il peut se démettre de ses fonctions et donner sa démission. »

Nous ne le pensons pas. Voter est une obligation sociale pour l'électeur, les fonctions de député découlent du même principe ; elles sont aussi obligatoires que celles de juré. Celui-ci est obligé de remplir son mandat, non pas à partir du moment où il l'a accepté, mais dès qu'il lui a été signifié ; il se fera excuser, seulement pour des motifs sérieux ; le député se trouve dans une situation identique ; il est législateur-juré et se trouve saisi de sa fonction dès qu'elle lui a été signifiée. Pas plus que le juré il n'aura le droit de se démettre de ses fonctions. Il pourra se faire excuser ou offrir sa démission; ses excuses et sa démission seront vraisemblablement acceptées sans beaucoup de difficultés; en fait, le résultat sera le même qu'autrefois, mais la sauvegarde du principe est capitale, sans cela nous retombons dans le droit divin ou le droit social.

Sous l'empire de ces règles fondamentales, on écarte une question vivement débattue au temps jadis : doit-on payer les députés? — Autrefois le mandat pouvait être gratuit comme tout honneur et tout privilége; mais, d'après les principes de 89, l'association doit rétribuer le travail des législateurs-jurés, comme celui de tous ses mandataires.

Ainsi le mandat de député constitue à vrai dire une fonction spéciale, ayant la même origine que celle de juré, mais avec cette différence qu'il devra un compte rendu permanent de sa gestion à ses mandants. Des raisons de justice et un intérêt de premier ordre vont nous expliquer comment les députés ont l'obligation de rendre des comptes et comment les électeurs ont l'obligation de les exiger.

II

Nécessité des comptes de gestion en matière d'impôts.

Qui va payer les impôts votés par les députés?

Ce sont les mandants, les citoyens.

Au nom de qui ces impôts ont-ils été votés?

Au nom des mandants, des citoyens.

Est-il juste que le mandant connaisse les causes des engagements que le député mandataire a contractés en son nom?

Poser une telle question, c'est la résoudre. S'il est juste que le commissionnaire chargé par moi d'acheter cent balles de coton me rende des comptes détaillés sur le marché passé en mon nom, à bien plus forte raison le député, chargé d'un mandat plus important, devra-t-il se mettre en relation constante avec ses mandants?

Un intérêt plus grand commande des rapports plus assidus. Quel intérêt que celui qui touche à l'honneur, au progrès, à la richesse de la nation!

Comment traduire la pensée du citoyen au moment où il dépose son vote dans l'urne? L'électeur dit : « Je te nomme mon représentant pour voter des lois justes qui aident au développement de la nation et protégent sa dignité. »

Pour savoir si son député a bien ou mal rempli son mandat, il faut nécessairement qu'il puisse examiner et juger sa conduite, ses principes. La conclusion est que le compte rendu de la gestion est de toute justice.

Mais y a-t-il également intérêt à ces relations constantes, à ces comptes permanents? Sans aucun doute. Comme il y a toujours intérêt à être juste, même en politique, — ou plutôt, surtout en politique, — les raisons d'intérêt de premier ordre vont surgir de toutes parts.

En effet, il est d'une importance capitale que le citoyen paye l'impôt, non pas parce qu'on l'y contraint, mais parce que cela est juste; sinon, il n'est plus un citoyen ; c'est un tributaire, un vaincu qui subit une rançon perpétuelle, l'œil au guet, pour frustrer l'État et lutter de ruse avec son commis l'Enregistrement. Ses fraudes et détournements n'éveillent dans son âme aucun remords, parce qu'il n'admet pas que l'impôt soit équitable. L'État n'est pas, dans son esprit, le mandataire général, l'être collectif chargé de la protection de tous les intérêts. Il ne le comprend que comme un tyran qui pille sans pudeur et qu'on peut frustrer sans honte.

Il est donc d'un intérêt primordial qu'un citoyen sache qu'il paye un impôt juste par cela seul qu'il est citoyen.

Autre raison. L'amélioration, le progrès n'est possible qu'à cette condition. Si le citoyen n'a pas été mis à même de juger et de raisonner, on pourra difficilement transformer des impôts, changer des répartitions, supprimer des octrois et les remplacer par d'autres impôts moins coûteux pour la nation. A cette condition seulement disparaîtra ce mot barbare, qui fait honte à notre civilisation : « Tel impôt n'est pas populaire ! » c'est-à-dire choque les instincts grossiers, non réfléchis, brutaux du peuple. Devrait-il jamais retentir aux oreilles d'un citoyen intelligent d'autres mots que ceux-ci : « Tel impôt est-il utile, sa répartition est-elle équitable ? »

L'intérêt est si multiple qu'il serait trop long de le présenter sous ses mille faces. Afin d'en avoir une idée succincte, que l'esprit du lecteur se reporte aux questions vitales des départements et des communes. A quelles erreurs, à combien de faiblesses les conseillers municipaux ne se laisseraient-ils pas entraîner, si leurs mandants n'étaient pas là pour leur demander compte de leur gestion et leur manifester leur opinion... aux plus prochaines élections !

III

Même sujet. — En ce qui touche le vote des autres lois.

La nation devra exécuter les lois votées par les députés. Il est juste que les citoyens sachent les raisons qui ont motivé ces lois.

Il est également juste que chaque député ait fait connaître à ses citoyens les lois qui se préparent, les principes sur lesquels elles reposent et enfin les motifs qui l'ont décidé à les voter. Un sage, Turgot, écrivait une maxime que tout homme d'État devrait graver dans sa mémoire : « Il ne faut semer même un ordre que dans un terrain bien préparé. » Qui préparera les esprits à reconnaître l'excellence d'une loi, sinon le député chargé de la voter? Turgot n'a fait que reproduire sous une forme pittoresque ce principe du droit commun : « Le mandataire doit avertir son mandant des obligations qu'il va contracter en son nom et lui expliquer les raisons qui l'ont décidé. »

Tout le monde est intéressé à l'observation de ces règles de conscience. Elles préserveraient de bien des étourderies et exciteraient à l'étude des lois mal faites et mal coordonnées.

Nous verrons plus loin comment l'électeur et le député doivent correspondre. Ce qu'il importe de fixer, c'est l'obligation de ces comptes permanents.

Si les citoyens n'ont pas le droit d'exiger des comptes de leurs députés, comme le mandant à l'égard de son mandataire, il n'y a plus de citoyens, il n'y a plus de députés : il ne restera que des serfs chargés de se nommer des maîtres dont la gestion échappera à leur contrôle, — des potentats réputés infaillibles en vertu de je ne sais quel nouveau dogme politique. Le suffrage universel ne sera plus lui-même qu'un leurre, qu'une fade comédie.

Quand un ex-député brigue de nouveau les suffrages, pour apprécier sa valeur il est indispensable qu'il ait fourni les preuves du zèle et de la capacité avec lesquels il a rempli son précédent mandat ; sans cela, l'élection ne sera plus qu'une chose sans nom..., un je ne sais quoi où un fort dira au faible : « Prenez mon... homme de confiance et retournez chez vous au pas. »

Si les électeurs n'étaient pas capables de choisir, il vaudrait mieux alors les considérer politiquement comme des mineurs, et leur donner un tuteur. Je ne connais aucune législation où le tuteur soit nommé par le pupille.

IV

Nature des comptes rendus faits par les députés.

Sequere naturam, disait Sénèque : il faut suivre dans les lois et leur application la nature des choses. Il est clair qu'un député serait impuissant à fournir chaque jour à ses commettants les détails exacts de ses travaux législatifs. Ce qui est essentiel, c'est qu'il leur explique les principes qui l'ont guidé et l'intérêt de la nation à l'adoption des nouvelles lois.

Un exemple fera mieux saisir notre pensée. On va

voter de nouveaux impôts. Pour rendre possible à ses
mandants l'appréciation de sa conduite, le député pourrait exposer ses principes sur cette matière.

Qu'est-ce qu'un impôt?

Est-ce un tribut ou un échange?

Si c'est un tribut, comment allier cette définition avec
les principes de 89 et le suffrage universel?

Si c'est un échange, il faudra que le député explique
quel échange avantageux offre l'État, et s'il estime que
cet argent, laissé entre les mains des contribuables, aurait profité plus ou moins à la nation.

Un impôt juste et nécessaire en principe peut être injuste et funeste par une mauvaise répartition. Le député
dira si la répartition lui paraît équitable et avantageuse.

On va s'écrier : Mais ceci est de l'économie politique.
Oui, mais c'est une économie politique appliquée. Les
représentants sont précisément nommés pour réaliser
par des lois de sages principes d'économie. Plus n'est
besoin de professions de foi vagues et indéterminées ;
c'est à l'œuvre qu'on connaît l'artisan ; c'est dans l'application de ses théories que sera jugé le mandataire de
la nation. Il ne doit pas seulement bien voter, mais encore démontrer à ses commettants quelles raisons ont
motivé son vote. Son honneur et sa dignité sont intéressés à ce compte rendu de ses actes; sans cette com-
munion d'idées incessante entre lui et ses mandants, il
n'aura jamais le droit d'être fier de son élection ; elle ne
sera jamais que le produit incestueux d'un instinct aveugle et d'une ignorance corruptible; son front ne rayon-

nera jamais de l'auréole qui s'attache au mandataire d'hommes libres et intelligents, au choisi entre tous, à l'élu.

Le député qui ne sent pas que son rôle est d'être le premier précepteur des mœurs politiques de ses mandants, et que ceux-ci ne l'ont placé au-dessus d'eux qu'afin d'être élevés par lui, celui-là devrait donner sa démission : il n'a pas compris son mandat.

V

Pourquoi les députés ne se servent-ils pas du journal de leur arrondissement pour faire, chaque dimanche, leurs rapports à leurs électeurs?

Nous arrivons à la question la plus intéressante. Par quels moyens doivent s'établir ces rapports de mandants et de mandataires, ces comptes rendus des députés aux électeurs?

Rappelons auparavant le mode de communication en usage sous les législatures précédentes.

En 89, les électeurs rédigeaient leurs cahiers des charges, les députés adressaient de fréquentes lettres à leurs commettants.

Sous la Restauration et sous Louis-Philippe, les députés se divisaient par groupes, dits *partis*; chaque parti avait ses journaux. C'est encore ce qui se passe en An-gleterre. Plus tard, on improvisa des banquets, toujours par imitation anglaise.

Aujourd'hui, les députés n'offrent à leurs mandants d'autre compte rendu de leur mission que leurs votes et leurs discours, reproduits au *Moniteur*. Quelques-uns font imprimer leurs discours à part.

Il est à remarquer que le gouvernement a paru com-prendre, mieux que les députés, les obligations d'un mandataire. Il publie des rapports sur les lois présen-tées; il publie un *Moniteur* à un prix *relativement* bon marché; grâce à ses journaux dits officieux, on ajoute même qu'il consulte l'opinion publique en lançant ce qu'on appelle des ballons d'essai.

Notons que si les députés étaient en rapports perma-nents avec leurs mandants, l'opinion publique serait bien connue et toujours facile à suivre dans sa marche ascen-dante. On rendrait un grand service à l'État en lui évi-tant de marcher à tâtons.

Le résumé de la situation actuelle n'est pas long.

Les députés qui ne parlent pas à la Chambre se dérobent au jugement de leurs électeurs.

Les orateurs ne traitent que quelques questions, et, sur ces questions même, leurs électeurs ne peuvent s'instruire sérieusement. Tous les électeurs ne sont pas en effet abon-nés au *Moniteur*, et le petit journal de leur arrondisse-ment ne reproduit pas les longs débats. De plus, ces dis-cours ont un but différent de celui des conférences poli

tiques et d'économie politique, nécessaires entre électeurs
et députés. — Enfin sur les questions d'intérêt local,
précisément sur celles qui, par leur spécialité, seraient
de nature à faire connaître aux mandants les principes de
leurs mandataires, il n'y a pour ainsi dire pas de discussions. On vote un emprunt pour un département : qui
démontrera aux imposés que cet emprunt est fondé sur
un intérêt général, que la répartition en est équitable,
et que c'est là un échange avantageux, etc.? Personne,
si le député reste muet.

Il faut donc trouver un mode de communication simple et peu coûteux. Cette recherche incombe au député :
c'est au mandataire à prendre les meilleurs moyens pour
éclairer ses mandants et pour recevoir l'expression de
leurs besoins et de leurs vœux.

Pourquoi le journal de l'arrondissement ne remplirait-
il pas cet office?

Un journal politique d'un arrondissement n'est-il pas
appelé naturellement à se constituer secrétaire des électeurs et du député?

Serait-il déconsidéré s'il annonçait que chaque dimanche il consacrera trois colonnes aux lettres des électeurs adressées au député et à la réponse de celui-ci?

Y aurait-il danger pour le journal?

Aucun. Il sera toujours libre de rejeter une lettre in-
convenante et de biffer les expressions compromettantes.

Les pertes matérielles sont-elles à redouter?

Nul doute, au contraire, que ces lettres remportassent
un succès plus réel que tous les feuilletons.

Le gouvernement arrêterait-il ce nouvel essor de la vie politique?

Non, parce que cela est juste : ce développement de la vie politique, public, permanent, au grand soleil, sera la plus grande force d'un gouvernement qui s'appuie sur la volonté nationale et veut l'application successive des principes de 89.

Un seul obstacle sérieux existe. Faut-il l'indiquer? On le trouvera à l'arrière-garde des sept péchés capitaux. Mais l'activité des uns secouera bien vite la torpeur des autres. Que dix députés sonnent la trompette du réveil, bientôt tous les autres se lèveront en grande hâte, et, dans peu d'années, sans nous en être aperçus, nous serons devenus vraiment citoyens.

Pour fonder des mœurs politiques, ils n'ont besoin que d'une vertu et de l'absence d'un vice : un vif sentiment du devoir et point de paresse.

VI

Si nos mœurs sont préparées aux rapports permanents des électeurs avec les députés.

Qu'arrivera-t-il le jour où la plupart des journaux français auront la sagesse de placer en tête de leur journal l'annonce suivante :

LE DIMANCHE ET LE JEUDI DE CHAQUE SEMAINE
NOUS PUBLIERONS :

1° TOUTES LES LETTRES QUE LES ÉLECTEURS ADRESSERONT
AUX DÉPUTÉS ;
2° LA RÉPONSE DE CEUX-CI AUX ÉLECTEURS.

NOUS N'ACCEPTERONS QUE DES LETTRES TRAITANT DES SUJETS
D'INTÉRÊTS GÉNÉRAUX ET SPÉCIAUX, ET REJETTERONS TOUTE
POLÉMIQUE TOUCHANT LES PERSONNES OU LA VIE PRIVÉE.

A la vue de cette annonce, les électeurs sortiront-ils
de leur torpeur habituelle?

Les députés répondront-ils ?

Nous venons de rappeler quelles étaient nos espérances
à cet égard; mais, comme nous avons une sainte horreur
des utopies, nous nous sommes demandé si nos mœurs
actuelles étaient disposées à cette réforme si précieuse.

Des faits récents viennent nous rassurer complétement.
En ce moment ne voyons-nous pas des journaux parisiens
ouvrir leurs colonnes aux ouvriers parisiens qui veulent
traiter les plus graves questions intéressant leur existence,
leur bien-être et leur instruction? A qui fera-t-on croire
que la vie politique n'anime plus que la classe ouvrière?
Le mouvement électoral actuel porte, au contraire,
témoignage d'un immense progrès dans tous les esprits.

Le sentiment de la solidarité éclate de toutes parts en
termes magnifiques. Nos mœurs sont prêtes à acclamer
la réforme, il n'y a pas à en douter.

Ce mouvement est-il spontané ? Non, il est le résultat d'un travail latent dont l'étude présente un vif intérêt.

Une bonne fortune a fait tomber entre nos mains et nous a rendu propriétaire légitime de nombreuses lettres adressées, pendant ces dernières années, à un honorable député, homme d'esprit, ne parlant jamais à la Chambre (par pure modestie), excepté pour dire *très-bien ;* d'ailleurs, rendant volontiers service, aimant les fleurs, et recevant fort galamment ses hôtes.

Nous savons que ces lettres n'ont jamais obtenu de réponse, parce que leurs auteurs gardaient l'anonyme et sollicitaient une réponse dans le journal de leur arrondissement. L'honorable député eût sans doute accédé au désir de ses concitoyens, s'il n'avait pas été ennemi-né de toute singularité et de toute innovation. Faire comme les autres est, à ses yeux, une règle de la sagesse, à ce point que ses *très-bien* à la Chambre sont toujours, dans le *Moniteur,* précédés par ces mots : « voix nombreuses. »

Ceci est dit pour expliquer qu'en France l'esprit d'initiative est rare ; la difficulté est toujours d'attacher le grelot; mais, le grelot une fois attaché, la foule s'empresse de suivre l'exemple. Il n'est pas douteux que l'honorable député dont je parle, silencieux pendant tant d'années, sera plus tard un de ceux qui feront le mieux l'éducation de leurs électeurs, aussitôt que la majorité aura compris l'importance de ce devoir et aura commencé à l'accomplir.

Nous reproduisons ici quelques-unes de ces lettres, avec leurs imperfections et leur style, telles, en un mot, qu'elles ont été écrites par des hommes qui paraissent, non pas très-instruits, mais d'un jugement sûr, et toujours animés de la passion de la chose publique.

I

SUR LA MANIÈRE DE FAIRE LES LOIS.

« 1er juillet 1861.

« Monsieur le député,

« Ces jours passés, un de mes amis m'a apporté tous les *Moniteurs* du mois de juin. Nous avons parcouru les comptes rendus de la Chambre, tantôt gais, tantôt tristes. Ce qui nous a le plus vivement frappés, c'était de voir que toutes vos lois se terminent par cet article *passe-partout*, « tout ce qui est contraire à la présente loi est abrogé, » et nous nous faisions ce simple raisonnement : — Ne riez pas de nos raisonnements, à nous, chétifs, monsieur le député ; nous ne pouvons raisonner qu'avec notre gros bon sens ; mais vous, si instruit, qui possédez une si belle bibliothèque, vous pourrez nous dire, dans le journal de notre arrondissement, si nous nous trompons, et sur quoi nous faisons erreur. — Donc, nous nous disions : Messieurs les législateurs, de deux choses l'une, ou vous savez ce qui est contraire à la présente loi, ou vous ne le savez pas. Si vous le savez, pourquoi ne pas le dire tout de suite ? Pourquoi ne pas refondre l'ancienne loi avec la nouvelle, pour n'en faire qu'une seule, au lieu de nous condamner, nous autres justiciables, à des travaux sans relâches, à des frais toujours renaissants, à des consultations d'avocats et d'avoués ?

« Si vous ne le savez pas, comment osez-vous promulguer des lois qui vont se trouver en contradiction avec d'autres lois précédentes, et dont le conflit nous causera mille soucis et dommages, nous faisant perdre nos procès en première instance, pour les regagner en appel, et les reperdre en cassation? Mais non, la chose est invraisemblable. Un législateur ne peut pas voter une loi, sans savoir ce qui est contraire à cette loi.

« Ça n'est pas clair, dit mon ami, il faut qu'il y ait quelque chose là-dessous que nous ne comprenons pas.

« Tout à coup, jugez de notre surprise, monsieur le député, nous arrivons à la lecture de la séance du 21 juin, et nous lisons ces admirables paroles de M. Paul Dupont:

« Je demande à dire un mot, Messieurs. Cette for-
« mule de l'article 6 : *Les dispositions des lois anté-*
« *rieures, auxquelles il n'est pas dérogé par la présente*
« *loi, continueront de recevoir leur exécution*, est la for-
« mule sacramentelle qui termine toutes nos lois, et qui
« rend notre législation SI DIFFICILE, SI INEXTRICABLE; mais
« je la trouve ici plus regrettable encore.

« Il eût été bien facile, en effet, dans une matière si
« peu développée encore, de modifier les dispositions
« maintenues et de n'en faire qu'UNE SEULE ET MÊME LOI qui
« aurait dignement marqué le principe de la taxe uni-
« forme. Au lieu de cette simplification, *il nous faudra*

« *consulter, au besoin, cinq ou six lois* déjà publiées
« sur la télégraphie. »

« Aussitôt mon ami de s'écrier : « Bravo! bravo! très-
« bien! » et moi d'ajouter : Notre bon sens ne nous
avait donc pas trompés, voilà un grand législateur qui
pense comme nous, et qui dit mieux que nous! Quel
magnifique élan! Quelle idée sublime, de faire des lois
claires qui pourront être comprises par tout le monde!
Certainement, il ne s'est produit à la Chambre aucune
proposition aussi profondément juste, aussi radicalement
révolutionnaire. Comme nous étions heureux et fiers,
Monsieur, de voir que, de si loin, dans notre province,
nous avions pensé juste comme un député !

« Et, à l'instant, nous nous dîmes : Lisons la suite,
voyons comme la Chambre a accueilli cette belle proposition. Sans doute elle va acclamer l'orateur, et le *Moniteur* va ajouter : « *Bruyants applaudissements !* »

« Ah! monsieur le député, quelle déception! Nous
cherchons, nous lisons attentivement... rien! mais ce
qui s'appelle rien! Le *Moniteur* se contente d'ajouter :
« L'article 6 est mis aux voix et adopté. »

« Comment, pas un mot, pas une approbation, ni une
improbation! pas une explication! un silence glacial!
pas même l'honneur d'une petite réponse, comme on
fait chez nous quand l'un parle à l'autre!

« Franchement, monsieur et cher député, vous comprenez bien qu'un tel phénomène est au-dessus de notre
intelligence, et nous réclamons de vous, notre mandataire, une explication à ce sujet, dans un prochain nu-

méro du journal de notre arrondissement. Celui-ci sera très-heureux d'insérer votre lettre, car il ne contient, depuis longtemps, rien de curieux ni d'instructif, et nous, monsieur le député, nous vous serons très-reconnaissants.

« Agréez, etc.

« FRANÇOIS. »

Nous avons vérifié, au *Moniteur*, l'exactitude des assertions contenues dans cette lettre.

Nous ne sommes pas curieux, mais nous n'eussions pas été fâché de voir la réponse du député. Un grand nombre de jurisconsultes ont formulé un vœu semblable : une seule loi sur chaque matière.

2

SUR LA QUALITÉ DE LA CHOSE VENDUE.

« 31 décembre 1858.

« Monsieur le député,

« Je viens d'être trompé indignement sur la qualité de divers objets que j'ai achetés, moyennant deux mille francs et qui n'en valent pas cinq cents. J'ai cherché dans le Code pénal un article qui pût me permettre de donner une leçon à mon fripon. Or, monsieur le député, l'article 423 du Code pénal ne punit que la tromperie sur la *nature* de la marchandise et non sur la *qualité*. Cependant il me semble que voler d'une façon ou voler d'une autre, c'est toujours voler. Tous ceux auxquels j'ai confié ma mésaventure sont indignés du vol dont je suis victime. Je leur ai parlé de l'article 423, et aucun n'a compris les raisons qui nous laissent désarmés en présence d'une telle friponnerie, par ce seul motif que c'est un vol, non sur la *nature*, mais sur la *qualité* de la chose vendue. Je vous saurais gré, monsieur le député, de nous dire, dans le journal de notre arrondissement, si vous trouvez la loi juste. Je sais bien que nous devons obéir à la loi, et je m'y soumets ; mais je me suis laissé dire qu'il faut aussi que nous comprenions en quoi la loi est juste, pour qu'elle soit digne de nos respects. Instruisez-nous un peu de tout cela, je vous prie, monsieur le député, et agréez d'avance nos remercîments ainsi que nos bons souhaits de nouvel an. »

Signature illisible.

3

« 1er mars 1859.

« Monsieur le député,

« Voilà plus de quarante lettres que nous avons l'honneur de vous adresser depuis plusieurs années, et nous cherchons toujours vainement des réponses dans notre fameux journal. Cependant vous ne les refusez pas ; vous

10.

en avez même lu trois, le 12 du mois précédent, dans une charmante soirée offerte par vous à vos amis. Croyez-moi, monsieur le député, répondez-nous, instruisez-nous; notre journal a grand besoin de renfort pour devenir supportable. On peut même, sans le calomnier, soutenir qu'il est d'une nullité désespérante, et que celui qui serait condamné à lire exclusivement cette feuille, sentirait chaque jour son cerveau se rétrécir. Voyons! je m'en rapporte à votre jugement : croyez-vous que, si nous avions une loi qui autorisât à poursuivre la tromperie sur la *qualité* de la chose vendue, notre journal ne s'attirerait pas de dangereux procès? Nous vous en supplions, monsieur le député, répondez à nos lettres, quand elles touchent des intérêts graves et sérieux. Vous avez dit à plusieurs personnes que vous ne répondriez jamais à des lettres anonymes ; nous nous engageons, monsieur le député, à nous faire connaître, si vous voulez vous engager vous-même à nous instruire dans le journal de notre arrondissement. Cela vous coûterait trente lignes par semaine ; ce n'est pas beaucoup exiger, monsieur, d'un talent comme le vôtre.

« Agréez, etc. »

(Même signature, ou du moins même écriture en apparence.)

4

SUR L'INSTRUCTION PRIMAIRE.

« 1er août 1859.

« Monsieur le député,

« Je suis membre du conseil municipal ; notre conseil vote cent francs par an pour l'instruction primaire ; nous ne pouvons faire davantage, parce qu'avec les autres charges qui pèsent sur nous, nous atteignons le maximum des centimes additionnels que la loi nous permet de voter. Veuillez, je vous prie, nous dire quels inconvénients verrait l'État à autoriser les communes : 1° à s'imposer d'autant de centimes additionnels qu'elles le jugeraient convenable pour leur instruction primaire et même secondaire ; 2° à réunir leurs conseils municipaux au chef-lieu de canton pour aviser à se créer des colléges cantonaux à l'usage des enfants des deux sexes, et à concentrer à cet effet une partie de leurs revenus ?

« Considérez, monsieur le député, que dans notre chef-lieu, par exemple, nous avons cinq familles qui envoient leurs enfants, au nombre de sept, au collége. Mettez en moyenne six cents francs pour chaque tête, cela fait au total quatre mille deux cents francs. Nous comptons au moins douze familles qui ont bien le désir d'envoyer leurs enfants au collége, mais dont le travail serait impuissant à fournir pour l'éducation de chaque enfant plus de deux cents francs par an. Or il n'y a pas de pension à deux cents francs. Supposons que toutes les communes puissent réunir leurs forces, voici ce qui arriverait :

« Quelques-unes d'entre elles possèdent des biens communaux, vastes, bien situés, mais dont on ne tire guère parti. Sur ces biens on construirait des écoles primaires, secondaires, industrielles et agricoles. Les terrains seraient bien vite défrichés, des pépinières seraient de création facile avec l'appui du jardin des plantes et d'acclimatation placé au chef-lieu du département. Les parents aisés n'enverraient pas au loin leurs enfants, l'argent ne sortirait plus du pays, les communes pauvres seraient soutenues par les riches, les professeurs circuleraient par tout le canton, et avec eux une instruction professionnelle dont les fruits compenseraient bien vite les premiers sacrifices. Une bonne bibliothèque cantonale circulerait également dans toutes les communes trop pauvres pour bâtir une salle et fonder une bibliothèque.

« Vos lumières, monsieur le député, nous seraient d'un grand secours en cette occurrence, et une bonne lettre de vous dans le journal de notre arrondissement serait accueillie dans tout le canton comme un véritable bienfait. »

« Croyez, monsieur, etc.

« FRANÇOIS. »

En marge de cette lettre est écrit au crayon : « Si la France possédait cent mille gaillards de la trempe de ce François, j'ignore ce qui arriverait; mais il est certain que le métier de député serait rude, et qu'après une ou deux législatures, on dirait « Merci. »

5

SUR LES IMPÔTS.

Sans date.

« Monsieur et très-honoré député,

« Un de vos éloquents collègues, M. Ollivier, vient de faire une savante dissertation sur les impôts. Après avoir signalé avec beaucoup de modération les vices de nos lois sur cette matière, il a confessé qu'il ne connaissait pas de système de répartition moins imparfait, et qu'il fallait nous contenter du système actuel jusqu'au moment où on en trouverait un meilleur.

« Ces réflexions sont très-sensées; mais, comme en ces sortes de choses, l'expérience seule justifie la bonté d'un système, j'ose, monsieur le député, vous soumettre une courte observation. Tous nos grands économistes s'accordent à dire, que l'équité commande d'établir des impôts proportionnels (d'autres ajoutent progressifs) sur le revenu. Voilà le but à atteindre. Est-il jamais possible de tenter, dans un grand pays comme le nôtre, des expériences sur le système général? On reculera toujours devant la crainte d'une perturbation, d'un bouleversement dans nos finances. Mais, je suppose qu'on laisse à chaque

département la faculté de faire ces sortes d'expériences,
en ce qui concerne la répartition des impôts affectés à sa
propre administration ; qu'une ville, par exemple, ait la
liberté de supprimer ses octrois et d'en remplacer les
produits par un impôt proportionnel sur le revenu de ses
habitants, fixé d'après la simple déclaration de chaque habitant, comme cela se passe à 65 lieues d'ici, en Suisse.
Accorder une semblable faculté à chaque commune,
canton, département, serait-elle d'abord chose juste?

« En second lieu, quels dangers et quels inconvénients
y trouverait-on ?

« Vous comprenez, monsieur le député, la satisfaction
que nous éprouverions tous à lire dans le journal de
notre arrondissement vos observations sur un sujet d'une
aussi grande importance. »

« Agréez, etc. »

Sans signature.

En marge est écrit au crayon : « Si Odilon Barrot lisait
cette lettre, comme il se frotterait les mains ! Sa *décentralisation* gagne la province. »

G

SUR LA PREMIÈRE DES LIBERTÉS A RÉCLAMER.

Sans date.

« Je viens de lire, monsieur le député, un merveilleux
discours de M. Jules Favre sur la liberté, et j'en suis en-

core tout ému. Quelle fascination ! Quelle éloquence en-
traînante ! J'ignore si vous subissez là-bas la même impression que nous. Mais ici, en lisant son discours dans
le *Moniteur*, la feuille frémit sous les doigts, on est transporté et il semble qu'on entende à la Chambre sa voix
gronder comme un tonnerre. Êtes-vous heureux, monsieur le député, d'entendre de pareils discours, d'être là,
près de lui et de sentir sa parole ardente, incisive, réveiller chez les plus découragés la foi en la justice !
Comme le mot de liberté sonne sur ses lèvres ! Laliberté !
quel bien, monsieur le député, et comme elle élève
l'homme à ses propres yeux !

« Les Cinq ont réclamé un grand nombre de libertés ;
les obtenir toutes à la fois, cela me semble difficile.
Laquelle faut-il réclamer la première ? C'est là le point
qui m'embarrasse. L'exposé de vos opinions nous serait
utile et nous causerait un plaisir extrême. Ne vous sem-
ble-t-il pas que la plus importante de nos libertés a été
passée sous silence dans cette session ? Vous n'ignorez pas
que la loi sur la diffamation ne permet pas la preuve du fait
diffamatoire. Autrefois, cette règle souffrait une exception
capitale en ce qui concernait les fonctionnaires publics.
Si un citoyen avait dit la vérité sur un acte coupable commis par un fonctionnaire, il échappait à la police correctionnelle. La loi était juste, car le fonctionnaire étant le
mandataire de tous les citoyens, ceux-ci ont droit de contrôle sur tous les actes de leur vie publique. En 1852,
il s'est glissé, par mégarde sans doute, un certain article 28, qui vint tout à coup changer cet état de choses,

en déclarant que la preuve des faits diffamatoires était interdite dans tous les cas. Vous comprenez, monsieur le député, les conséquences déplorables qui en résultent ; les faits coupables les plus notoires, les actes les plus scandaleux s'abritent derrière cet article. Il y a peu de jours, M. Dupin a lancé une belle apostrophe à la Presse sur la complicité de son silence au sujet des scandales de la Bourse. M. Dupin est un savant jurisconsulte, mais ce jour-là il s'est trompé ; il ne connaissait pas l'article 28, à la confection duquel il n'avait pas participé ; article qui ferme la bouche aux plus honnêtes citoyens.

« Ne serait-ce pas, monsieur le député, par l'abrogation de l'article 28 qu'il faudrait procéder aux réclamations de nos libertés ?

« Ne pensez-vous pas également qu'il serait juste de déclarer non diffamatoire la divulgation des faits vrais concernant la gestion et l'administration de toutes les sociétés reconnues comme établissement d'utilité publique, en un mot de tout ce qui exerce un monopole ?

« Que penseriez-vous, par exemple, d'une loi conçue en ces termes :

« La divulgation de tout fait qui concerne soit les « fonctionnaires publics, soit la direction, la gestion « ou l'administration de tout établissement ne pouvant « s'établir en France qu'avec l'autorisation de l'État et « constituant un privilége, ne sera pas réputée diffa-« matoire, si le fait divulgué est vrai. »

« Une loi conçue dans ce sens ne serait-elle pas comme le vestibule des autres libertés ?

« Soyez persuadé, monsieur et cher député, qu'un article de vous sur cette question, inséré dans le journal de notre arrondissement, serait lu avec avidité par tous vos concitoyens, et croyez particulièrement à la reconnaissance de votre tout dévoué mandant, »

« FRANÇOIS. »

En marge est écrit au crayon : «Une telle loi serait évidemment honnête et juste, mais n'entraînerait-elle pas l'obligation de servir de suite à ces messieurs toutes les autres libertés!!! Que faire alors de tous nos monopoles? »

7

AU SUJET DES IMPÔTS SUR LA JUSTICE.

« Cher et très-honoré député,

« Puisse la présente vous trouver en joie et en santé, et puisse-t-elle aussi vous trouver en bonne disposition d'esprit pour répondre à notre vœu le plus cher, qui est celui de faire notre éducation politique par vos soins. On dit que Washington et Franklin ne dédaignaient pas de se transformer, pendant leurs vacances, en maîtres d'école. Si vous vouliez ouvrir un cours d'économie politique parmi nous, vous seriez porté en triomphe, monsieur le député. Jugez de notre désir de nous instruire par l'obscurité qui règne dans nos esprits sur beaucoup

11

de matières, notamment sur une question qui va vous être prochainement soumise, si nous devons en croire les journaux : je veux parler des impôts sur la justice. Nous en avons devisé longuement, ces jours passés, dans nos réunions du soir, et nous ne sommes jamais parvenus à comprendre ni l'esprit d'équité, ni l'intérêt qui avaient décidé le législateur à surcharger de frais aussi considérables l'exercice de la justice. Nous nous disions, monsieur le député : « Pourquoi répète-t-on que la justice est gratuite? » Il ne paraît guère qu'elle le soit, en effet : la masse des offices ministériels vaut, dit-on, un milliard ; il faut donc d'abord que les justiciables payent l'intérêt de ce capital avant de solder la rétribution du travail des officiers ministériels ; à 6 0/0 nous trouvons un total de 60 millions. — Ceci n'est qu'une misère. Pour obtenir justice, il faut commencer par payer à l'État beaucoup d'argent en papier timbré, beaucoup d'argent en enregistrement des actes confectionnés sur ce papier timbré ; et après ce solde préparatoire, il nous faut payer l'avoué et l'avocat ; ce dernier article seul se comprend bien, par l'application de cette maxime que tout travail mérite salaire. Mais, dans le total de ces divers frais, c'est toujours l'État qui prend la meilleure part ; je viens de payer 250 francs à un avoué, et, dans la taxe, je vois que l'État a prélevé sur cette somme 172 fr. 50.

«Cependant on dit que l'État est fait pour protéger les citoyens, leur faire rendre justice, et que l'impôt doit être proportionnel au revenu. Je vous le demande, monsieur le député, est-ce qu'un procès indique que les partics en litige aient des revenus supérieurs à ceux qui n'ont point maille à partir avec la justice ?

« Un autre fait confond encore plus mon intelligence. Je suis renversé dans la rue par une voiture qui passe sur moi et me casse la jambe. Appelez, me dit-on, la justice à votre secours. J'appelle la justice : elle vient, et poursuit le voiturier maladroit en police correctionnelle. On m'invite à me porter partie civile, afin d'obtenir réparation du préjudice qui m'a été causé; on m'écoute; les magistrats se montrent bienveillants, examinent l'affaire avec soin, et condamnent mon adversaire à six jours de prison, cinquante francs d'amende, et mille francs de dommages-intérêts envers moi. Jusque-là, tout va bien. Mais voici qu'on me condamne, en même temps, vis-à-vis de l'État, à payer tous les frais du procès! Il est vrai que j'ai mon recours contre le voiturier; mais, si celui-ci est insolvable, tant pis pour moi, il me faudra toujours payer! Ainsi la justice, faite pour me protéger, commence par me dire : « Payez-moi beaucoup d'argent « d'abord, puis essayez ensuite de vous faire rembourser « par votre adversaire comme vous pourrez. »

« Tout ceci, vous devez le comprendre, très-cher député, dépasse notre entendement, et si vous vouliez bien nous expliquer les raisons de ces choses, qui sont hors de notre portée, vous seriez pour nous un nouveau Franklin.

« Agréez, etc.

« A. DE RIONT... » (Le reste de la
signature illisible.)

8

SUR L'EMPRISONNEMENT CELLULAIRE DES JEUNES DÉTENUS,

« 23 juillet 1860.

« Monsieur le député,

« Vous venez de rendre un service signalé au fils de la pauvre Élisa B... Il n'est bruit ici que de l'activité de vos démarches et de l'efficacité de votre protection ; c'est un concert d'éloges ; on applaudit le député au cœur généreux et au bras long. Vous avez sauvé de la prison ce malheureux enfant ; vous l'avez placé en apprentissage ; il peut, grâce à vous, attendre sans souci sa majorité. Ce qu'il y a de mieux, c'est que vous avez défendu de parler de cette affaire au journal de notre sous-préfecture. Je reconnais bien votre devise : En politique, faire comme les autres, sans bruit ; dans la vie privée, faire le bien en cachette. La seconde partie, monsieur le député, est une maxime de la vertu ; mais la première, permettez-moi de vous le dire, est une faute grave, et constitue une ignorance déplorable des obligations qu'imposent les fonctions de député. Si vous ouvrez volontiers votre cœur et votre bourse à des intérêts privés en souffrance, vous êtes, au contraire, d'une avarice sordide en ce qui concerne les trésors de votre érudition et de votre expérience en matière politique : j'en cite pour preuve l'ignorance dans laquelle nous restons plongés depuis dix-sept ans que nous vous possédons comme député. Vous venez d'arracher un enfant à la détention cellulaire avec un empressement sans égal, mais vous allez encore nous refuser de nous instruire sur les effets bons ou funestes de la prison cellulaire. Eh bien, je vais vous démontrer que je partage les mêmes opinions que vous sur cet affreux régime ; seulement, voyez-vous, mon récit ne peut exercer aucune influence sur le public ; signé par vous, il produirait une sensation durable qui ne tarderait pas à provoquer une réforme radicale.

« Il y a deux mois, je suis allé à Paris, et, grâce à un employé du ministère, j'ai pu visiter la prison des Jeunes-Détenus et celle de la Roquette. Cette dernière, véritable prison de passage, n'offre vraiment rien de trop repoussant. Les prisonniers vivent ensemble, travaillent, dans quatre ateliers le cuir, les chaussons, les souliers. Il leur est accordé plusieurs heures de liberté, par jour, pour se promener, lire, fumer et causer : c'est la démocratie prisonnière organisée. Ils possèdent une bibliothèque, insuffisante sans doute, mais enfin, à côté de la Bible et des Instructions pieuses, on y trouve des récits de voyages et Walter Scott. Les lits sont propres, les cellules presque confortables. Il est permis de causer à voix basse. En somme, excellente prison, autant qu'une prison de dépôt provisoire peut l'être.

« Sur la même place de la Roquette, monsieur le député, s'élève la prison des Jeunes-Détenus. Organisation admirable comme bâtiment et construction, hideuse au point de vue moral ; système cellulaire infernal. Là, l'enfant ne voit jamais que le contre-maître, le surveillant et l'aumônier. Le travail est vendu à un entrepreneur qui, ne considérant que son gain, divise le travail et se garde de changer la besogne de l'apprenti. De sorte que l'enfant, devenu machine, travaillera six ans, sans devenir ouvrier capable de gagner sa vie. S'il a été placé dans la galerie des accordéons et chargé de couper les lamettes de cet instrument, il coupera, du matin au soir, pendant toute la durée de sa détention ; il ne saura jamais confectionner un accordéon.

« Il aura beau travailler, il n'amassera rien. Il sera d'un caractère aimant, affectueux : personne ne répondra à son affection ; l'amitié d'enfance, cette fleur du printemps de la vie, il ne l'aura jamais. Il ne sera ni peintre, ni sculpteur, ni agriculteur... il ne sera que tourneur en cuivre, et seulement dans une étroite spécialité. Même à la chapelle, sous le rayon de la Divinité, il ne pourra aspirer une bouffée d'air libre, ni presser une main amie ; la chapelle est organisée cellulairement ; le préau est un éventail cellulaire, jamais on ne se voit.

« Les enfants ont l'air tout hébété : physionomie pâle, corps chétifs, scrofuleux, atrophiés. Où s'en ira le reste de la pensée ? A l'onanisme. Ce vice est fort commun, m'a dit un gardien.

« Les gardiens ont l'air triste et impassible : rien au delà. La consigne implacable et l'atmosphère pèsent sur eux.

« La Roquette, repaire de scélérats, est mille fois

préférable à la prison effrayante des Jeunes-Détenus.

« Ah! monsieur le député, je comprends les sentiments et les motifs qui vous ont poussé à sauver d'une pareille prison le fils d'Élisa B... — Mais, dites-moi, je vous prie, comment une telle iniquité reste-t-elle en plein soleil? Est-ce la Chambre qui refuse des subventions? Non. Combien dépensez-vous pour cette ravissante et miséricordieuse maison de Mettraie, où l'on fait des hommes? Combien pour cette prison, fabrique de vice et d'abrutissement? Ah! Mettraie! Mettraie! œuvre du génie et du meilleur cœur du meilleur magistrat! Tenez, monsieur, je sens le rouge me monter au visage, et j'ai grand'peine à retenir mes larmes au souvenir de ma visite dans cet horrible chef-d'œuvre de la mécanique cellulaire. Pourquoi, puisque vous pensez comme moi, ne le dites-vous pas à haute voix, pourquoi ne l'écrivez-vous pas? Pour ces pauvres êtres, vous avez mis là force gardiens, geôliers, des verrous vivants, pendant qu'à la Mettraie M. de Metz a créé des familles ; la famille crée, le geôlier engendre la torpeur et le marasme... horreur! horreur! J'ai regardé le front morne de ces pauvres gardes-chiourmes, et je n'y ai pas vu écrit que l'homme fût créé à l'image de Dieu!

« Agréez, etc.

« A. L. »

Examinons maintenant de sang-froid l'ensemble de ces lettres, faisons la part du dépit causé par le silence du député, enlevons les phrases gonflées, les traits prétentieux de sotte malice et de fausse bonhomie, et il nous restera des électeurs intelligents qui désirent s'instruire sérieusement. Le député qui aurait daigné répondre leur aurait fait perdre, en peu de temps, la mauvaise habitude des personnalités et des sous-entendus. Que ces mœurs se développent, l'esprit public et le sentiment des obligations sociales iront grandissant sans intermittence ; toutes les réformes, toutes les améliorations deviendront faciles, et un gouvernement loyal, loin de trouver des entraves dans l'accomplissement de ses devoirs, verra chaque jour s'offrir à lui l'occasion de nouveaux triomphes.

VII

De la forme de langage que comportent les rapports permanents des électeurs avec les députés.

La révolution de 89, en restituant à l'individu sa dignité, sa liberté, en un mot le droit, a proscrit du même coup le faux style de l'ancienne diplomatie. Vivant de fictions, l'ancienne société devait nécessairement prendre des formes obséquieuses, fallacieuses, rusées, contournées, hypocrites. La liberté ne comporte pas ces afféteries. La politique n'est plus dans les nuages, elle est devenue science, réalité, vérité, obligation sociale. Les tournures gracieuses et piquantes, qui font le charme du style dans la vie privée, doivent être ici sévèrement bannies ; la forme doit être ferme et précise comme dans les considérants d'un jugement ; la vérité n'a pas besoin de fard. Un électeur qui parle à son député doit lui exposer clairement et nettement sa pensée, rien de plus, rien de moins.

La plus grande marque d'estime qu'un homme libre puisse donner à son semblable, est de lui dire la vérité.

———

NOTES

Note A.

Page 31.

Notre travail était sous presse, quand le *Progrès* de Lyon publia dans son numéro du 14 mai, sous la signature de M. Frédéric Morin, un article que nos lecteurs nous sauront gré de reproduire en entier. Dans son langage philosophique, qui ne pouvait être le nôtre, l'auteur arrive à la même conclusion. La seule différence que nous devons signaler, c'est qu'il entend sous le nom d'*autorité* ce que nous avons appelé tour à tour *droit divin* et *droit social*. Déjà, depuis plusieurs années, nous avons essayé de démontrer comment il nous paraissait peu équitable de faire retomber la culpabilité de l'étouffement de la liberté individuelle, uniquement sur les fictions du droit divin ; le *droit social* des anciennes républiques avait aussi son abstraction, son faux principe *d'autorité* aussi funeste et aussi criminel.

« IL N'Y A PAS DE PRINCIPE D'AUTORITÉ.

« Le *Progrès* est le premier journal qui a formellement distingué la *démocratie libérale* et la *démocratie autoritaire*, pour préconiser la première, pour montrer les périls et les impuissances de la seconde.

« La distinction qu'il a établie à cet égard dès son origine et les expressions mêmes qu'il avait employées ont été acceptées, il y a deux ans, par le *Courrier du Dimanche* qui alors était rédigé sous l'influence prépondérante de M. Eugène Pelletan, et depuis elles se sont accréditées dans presque toutes les feuilles indépendantes.

« Cependant, même parmi les publicistes qui défendent la démocratie libérale avec conviction et talent, il y a encore bien des confusions d'idées, et l'on continue à poser ainsi le problème politique :

« *Concilier le principe de liberté et le principe d'autorité.*

« A nos yeux le problème ainsi posé révèle une erreur funeste, — funeste au progrès social, funeste à la sécurité même des citoyens.

« La liberté est un principe politique.

« L'autorité n'est pas un principe; ce n'est qu'une abstraction.

« Qu'on nous entende bien toutefois. Nous ne prétendons point que la liberté puisse se passer de garanties publiques et par conséquent d'un certain nombre de magistrats ou de fonctionnaires qu'elle crée et qui sont ainsi tout ensemble son expression et sa défense. Mais ces magistratures diverses, ces diverses fonctions ne sont point instituées pour leur intérêt propre ou pour le simple plaisir de réaliser une idée différente de celle de la liberté ; elles ne sont que des *moyens* essentiellement relatifs et subordonnés de la garantir ; et parce qu'elles n'ont pas leur but en elles-mêmes, elles ne constituent point un véritable principe. Elles n'ont pas de valeur intrinsèque ; elles ne valent que par les garanties qu'elles offrent au libre développement de la personnalité humaine.

« Établissons notre pensée intime sur la science politique par une analogie empruntée aux sciences physiques.

« Dans l'ancienne physique, dans la physique d'Aristote et du moyen âge, on considérait qu'il y a des corps chauds et des corps froids, et l'on concluait de là qu'il y a dans la nature deux principes opposés : le *froid* et le *chaud*, lesquels constituent deux éléments essentiels et irréductibles.

« Dans la physique moderne, au contraire, on déclare qu'il n'y a qu'un seul principe ou un seul agent, le *calorique*, lequel par quelques-unes de ses actions sur notre organisme produit la sensation de *froid ;* en d'autres termes, les physiciens modernes admettent sans doute, avec tous les hommes de tous les temps, qu'il y a des corps *froids*, mais ils nient le *froid*, considéré comme principe.

« De même façon, dans la politique moderne, c'est-à-dire dans la politique de la démocratie libérale, il faut admettre qu'il y a nécessairement dans toute société politique un certain nombre d'*autorités;* mais que l'*autorité* considérée comme principe nécessaire et absolu n'est qu'une pure abstraction.

« Probablement quelques lecteurs vont m'arrêter ici et me dire à quoi bon toute cette métaphysique politique?

« On va bientôt le voir; et du reste je répondrai que la révolution française tout entière n'a été que de la philosophie ou de la métaphysique en action.

« Quand on pose l'autorité en principe, on est conduit à créer dans l'organisme politique un engin spécial, un pouvoir particulier dont la fonction est d'arrêter, en certains cas, l'action des forces sociales soit collectives, soit individuelles, et cette espèce de frein au progrès passe pour une nécessité de l'ordre public.

« Au contraire, quand on ne croit qu'au principe de liberté, on se passe fort bien de ce pouvoir qui n'a pas de raison d'être ; et l'on cherche l'ordre non plus dans un arrêt quelconque mis aux libres mouvements de l'opinion et de la société, mais dans la coordination, dans l'harmonie de ces mouvements, c'est-à-dire dans une organisation sociale assez flexible pour réaliser sans retard tous les vœux de l'opinion publique à mesure qu'ils se produisent.

« A ce point de vue, l'on estime encore que l'organisation sociale ne doit rien enlever à la personnalité humaine, mais au contraire lui assurer une plus large sphère

d'action. Ce n'est point que certaines règles ne soient nécessaires pour cette action : ainsi, on conçoit qu'en matière d'imprimés le dépôt soit ordonné, pour que chaque
écrivain soit responsable ; mais ces règles doivent être
telles qu'elles rendent la liberté de tous et de chacun
plus complète ; si elles l'entament, si elles la diminuent,
si même elles ne contribuent point à rendre son exercice
plus facile, plus fécond, plus sûr, elles sont défectueuses.

« Tous les pouvoirs étaient considérés, au dix-septième
siècle, comme revêtus de je ne sais quel. caractère divin
et absolu. La philosophie du siècle suivant et les révolutions contemporaines les ont dépouillés de cette divinité
d'emprunt, mais par un reste d'idolâtrie, ne pouvant
plus incarner Dieu dans les agents publics, on y a incarné
je ne sais quelle entité métaphysique que l'on a appelée
principe d'autorité. C'est aujourd'hui cette entité, sorte
de *caput mortuum* des vieilles superstitions, qu'il faut
chasser de nos spéculations politiques.

« Toute la nouvelle génération a le sentiment énergi-
que de cette nécessité. Chacun l'exprime à sa manière ;
notre honorable collaborateur, M. Delattre, disait récemment dans ce journal : *Le citoyen seul a des droits, le
gouvernement n'a que des devoirs ;* nous disons, nous :
Il y a des autorités, il n'y a pas d'autorité. Ces deux
phrases sont l'expression d'une même idée. Nous pourrions encore la présenter sous la forme suivante : la société doit être constituée de telle sorte que la liberté y
trouve, non pas une limite, mais un moyen d'exercice.

« Ne nous épuisons donc pas à constituer un mécanisme politique tiraillé entre deux forces contraires, mi-partie libéral, mi-partie autoritaire. Tout par la liberté, tout pour la liberté : voilà notre devise. Nous prouverons dans un prochain article que la plupart de nos secousses politiques n'ont eu d'autre origine que l'erreur énorme de nos publicistes qui ont voulu mettre l'autorité côte à côte de la liberté dans tous leur essais d'organisation, et qu'ainsi l'application du principe purement libéral est seule capable de nous donner, avec le progrès et le mouvement des idées, des institutions, des lois, la véritable sécurité de tous les intérêts légitimes. »

Note B.

M. Laboulaye a pris une large part au mouvement intellectuel et à la révolution doctrinale qui s'opère dans le domaine du droit politique. Il a toujours devancé l'opinion publique de quelques années, par exemple, dans la question de séparation des cultes d'avec l'État. D'une nature d'élite et tout à fait à part à notre époque, l'illustre professeur n'a rien de la fougue ou de l'âpreté des innovateurs; il ne recherche ses triomphes que par la persuasion. Il a compris avec une merveilleuse perspicacité que le temps pressait, et que les chefs de la nouvelle école devaient être, en même temps, fondateurs et vulgarisateurs. On sait combien est rare l'alliance de ces deux qualités! M. Saint-Marc Girardin avait dit, dans son langage pittoresque : « La société moderne est placée entre le prêtre et le gendarme. » M. Laboulaye s'est dit : « Il faut la faire sortir de cette position par la vigueur sereine du droit individuel; ce calme de la force peut seul assurer le succès, tout en fermant la bouche aux anathèmes de l'un, et en amenant la bonhomie de l'autre à murmurer gaiement : « Vous avez raison. »

Un incident électoral nous a valu une lettre que nous reproduisons, et dans laquelle M. Laboulaye expose clairement ses opinions en droit politique.

On sait que M. Laboulaye a retiré sa candidature devant celle de M. Thiers, et a refusé celles qui lui étaient offertes dans d'autres circonscriptions de Paris. Le lecteur comprendra que la manière dont nous avons envisagé le suffrage universel, nous condamne forcément à regretter la conduite tenue par M. Laboulaye en cette circonstance. Pour l'électeur comme pour l'élu, le suffrage universel implique obligation; l'un et l'autre se rendent coupables s'ils refusent sans excuses légales — celui-ci de voter et celui-là d'accomplir le mandat offert.

Ces réserves faites, nous ne saurions trop louer les principes exposés dans lettre suivante :

« Mardi, 12 mai 1863.

« Monsieur,

« Je m'empresse de répondre à la lettre que vous avez eu la bonté de m'écrire. Je n'ai qu'un regret, c'est de ne pouvoir pas réunir tous les électeurs de l'arrondissement, afin de leur donner toutes les explications qu'ils ont le droit d'attendre d'un candidat.

« Je répondrai *catégoriquement*, n'ayant qu'un seul désir, c'est qu'il n'y ait point de malentendu dans le vote, et que ceux-là seuls votent pour moi, qui partagent en tout ou en partie mes opinions.

« Je suis pour *l'Église libre dans l'État libre*, et j'ai

défendu cette opinion longtemps avant que M. Cavour l'ait proclamée. J'ai publié un volume intitulé : *la Liberté religieuse*, où j'ai réuni tous les articles que j'ai publiés sur cette question. En ce point, je suis depuis longtemps engagé avec le public ; je ne veux point de concordat, je veux la liberté entière et complète.

« Pour la *liberté de la presse*, il en est de même : je veux la suppression du timbre, de l'autorisation et des brevets d'imprimeur. Je veux que chacun ait le droit de fonder un journal, et n'ait rien à espérer ni à craindre de l'administration. Je ne suis donc pas partisan des lois de Septembre ; la loi même de 1819 me paraît insuffisante ; je veux que la Presse soit aussi libre en France qu'elle l'est en Angleterre ou en Belgique.

« Quant à l'instruction primaire et même secondaire, je la veux gratuite et *communale;* je crois que le jour où elle sera gratuite, il sera peu nécessaire de la rendre obligatoire. Les Américains y ont renoncé, et c'est le pays où l'éducation est le plus complète et le mieux entendue.

« Quant aux autres questions intérieures, économie, liberté municipale, moindre gouvernement possible, ce sont là des points que j'ai défendus avant M. Proudhon. Si par hasard vous rencontrez un livre intitulé : *Paris en Amérique* (livre pseudonyme dont je suis l'auteur), vous y verrez, qu'en fait de liberté, personne n'est plus *Américain* que moi.

« Sur la question de l'esclavage aux États-Unis, j'ai publié des articles dans le *Journal des Débats* et dans la

Revue nationale, qui ont été adoptés, traduits et répandus dans toute l'Amérique du Nord. Le premier Américain venu vous dira que, dans cette question, j'ai servi la cause de la liberté avec tout le zèle dont je suis capable.

« Restent les deux questions d'Italie et de Pologne.

« Parlons d'abord de la Pologne. En principe, je suis pour la paix ; nous en avons besoin pour fonder la liberté et améliorer non-seulement le pays, mais toutes les conditions sociales, en favorisant le travail et l'éducation ; ce n'est donc qu'à mon grand regret que je verrais la France s'engager dans la guerre. Mais, en ce qui touche la Pologne, il peut se trouver telle situation où il soit de l'honneur et de l'intérêt de la France de prendre parti ; et il me semble impossible de dire à l'avance : Je serai ou je ne serai pas pour la guerre. En ce moment, je n'en vois pas la nécessité, et c'est la nécessité seule qui peut justifier une pareille extrémité.

« Pour l'Italie, la solution théorique est pour moi très-aisée. C'est aux Romains qu'il appartient de disposer de leurs destinées ; je ne reconnais à personne le droit d'asservir un peuple pour cause de religion. Je respecte toutes les croyances, mais je veux la liberté pour tout le monde.

« La difficulté pour moi consiste sur le parti que peut prendre et que doit prendre la France, aujourd'hui qu'elle est à Rome ; j'aimerais mieux qu'elle n'y fût pas ; mais elle y est : elle n'en peut sortir qu'en abandonnant le pape, non-seulement aux Romains, mais au reste de l'Italie. Bon gré, mal gré, c'est la France qui aura la responsabilité de la papauté détruite. J'avoue que je voudrais éviter cela, si la chose était possible.

« Dégager notre honneur, laisser le pape et les Romains en présence, voilà quelle serait pour moi la solution, solution qui peut demander du temps. Je ne m'engagerais donc pas à voter immédiatement le retrait de nos troupes; je voudrais étudier de plus près la situation avant de prendre un parti.

« Voilà mes opinions, monsieur, et vous pouvez communiquer ma lettre à tous ceux qu'elle peut intéresser. Elles ne sont pas nouvelles, du reste, et je les ai souvent exposées dans la *Revue nationale* et dans le *Journal des Débats* depuis 1852. Tous mes efforts ont tendu à réveiller le vieil esprit libéral de Benjamin Constant et de la Fayette; je n'appartiens à aucun autre parti, et je n'ai qu'un désir, c'est de servir la liberté.

« Si ces opinions sont les vôtres, monsieur, je me tiendrais très-honoré d'avoir votre suffrage; si vous ne les partagez pas, vous me garderez du moins l'estime qu'on doit à tout honnête homme qui cherche sincèrement ce qu'il croit la vérité.

« Permettez-moi de me dire, avec une parfaite considération, monsieur, votre très-obéissant serviteur,

« Ed. Laboulaye. »

Note C.

Page 60.

Voici en quels termes s'exprime M. Bardoux sur le compte des légistes. Le passage suivant est extrait de la deuxième partie, seizième siècle, du livre *De l'influence des légistes dans l'ancienne société Française.*

« Au milieu de ces scènes tumultueuses organisées par les habiles, au milieu de ces querelles intestines dont Rome et Luther n'étaient plus que le prétexte, la bourgeoisie ne se doutait pas que ses destinées politiques futures étaient en jeu. Depuis le commencement du siècle, les priviléges municipaux étaient envahis successivement par les ordonnances. L'édit de Crémieu (1536) avait placé l'élection et l'administration des autorités municipales sous l'inspection des baillis et des sénéchaux ; l'ordonnance de Moulins (art. 17) enlevait aux mêmes autorités toute espèce de juridiction civile, en attendant que celles de Blois (1579) et de Saint-Maur (1580) les dépouillassent de toute juridiction criminelle. Les villes perdaient l'une après l'autre leur système propre d'administration et de police, et les franchises qui pouvaient leur conserver quelque indépendance. En vain, dans les

cahiers du tiers état, les priviléges municipaux donnaient
signe de résistance à l'envahissement administratif, et
revendiquaient la liberté des assemblées, des élections,
la plénitude de leur juridiction, la royauté répondait à
chaque plainte par un nouvel empiétement. C'étaient les
légistes qui réunissaient ainsi toutes les forces éparses du
royaume et les concentraient dans les mains d'un seul.
La France, pays d'imagination, se laisse prendre volontiers aux raisonnements subtils, aux théories bâties en
l'air, aux phrases rigoureuses des logiciens. Elle permet-
tait aux légistes de faire la royauté absolue avec des ar-
guments et des fins de non-recevoir, et de saper toutes
les libertés locales en développant outre mesure le besoin d'unité. Tout notre passé peut se résumer dans ce
mot : un acheminement vers l'unité ; comme toutes nos
révolutions ne sont au fond qu'une exagération de ce
besoin.

Qu'on nous permette de demander pourtant si l'unité
ne pouvait s'acquérir qu'au prix de pareils sacrifices.
Les conséquences en furent funestes pour l'avenir de la
France. Dans leur désir de renverser la puissance féo-
dale, leur véritable ennemie, les légistes arrêtèrent les
progrès politiques du tiers état. En détruisant les priviléges municipaux, ils tarirent la source où la bourgeoisie se formait à la liberté. Ils étouffèrent le sentiment du
droit, qui a formé les Anglais. Les hommes de 89 pu-
rent tout faire, excepté de donner une éducation politique aux classes moyennes, celles qui forment les grands
peuples. Dans les crises sociales elles n'eurent que des

aspirations. Les siècles seuls peuvent déposer lentement
et par couches successives, dans chaque génération, le
sentiment réfléchi des droits et des devoirs politiques :
nous ne sommes rien que par nos aïeux; et ce qu'ap-
prennent les révolutions précipitées ne remplacera jamais
les leçons qu'on aurait pu puiser au foyer domestique,
les exemples immortels qu'auraient pu laisser les ancêtres.

Note D.

Page 68.

Je connais peu de lectures aussi attrayantes que celles des travaux d'un esprit honnête, éclairé, ardent, infatigable, qui cherche la vérité dans un chemin où elle n'est pas. On le voit courir à droite, à gauche, revenir sur ses pas, réfléchir un instant, puis s'élancer de nouveau en avant, pour revenir ensuite haletant, essoufflé, au point de départ. De temps à autre il lève la tête, regarde inquiet à l'horizon ; il semble que cette idée a passé dans son esprit : « Suis-je bien sur la vraie route? » On suit ses périgrinations, on partage ses anxiétés, on espère à chaque instant qu'il va reconnaître son erreur, et l'on va ainsi jusqu'à la dernière page, sur laquelle on écrit : « Que d'efforts inutiles ! »

Le lecteur nous saura gré de reproduire plusieurs fragments des écrits de M. Duvergier de Hauranne, un des historiens les plus justement renommés de notre régime parlementaire. Il cherchait la vérité avec sincérité. Son ardeur lui avait attiré, de la part de M. de Montalivet, une épigramme que nous considérons comme un véritable éloge : « C'est un révolutionnaire sans le savoir, » disait le ministre. M. Duvergier répudiait le droit divin, mais suivait le système du droit social. Nous avons suffisamment démontré la fausseté et la parenté de ces fictions, sources de tous nos maux.

Notre historien écrivait en 1847 :

« La souveraineté nationale est inscrite en tête de la charte de 1830. Cela veut dire que la France s'appartient à elle-même, et que ni une personne, ni une famille, ni une classe n'a le droit d'en disposer. Cela veut dire encore que les intérêts particuliers ne doivent jamais se mettre au-dessus des intérêts généraux, et que le pays est maître et capable de se gouverner. Faut-il en conclure que chaque individu, quelle que soit sa position, quelles que soient ses lumières, ait le droit absolu de participer par son vote au gouvernement, et, comme on le dit, de n'obéir qu'à des lois, de ne payer que des impôts auxquels il a consenti? Faut-il en conclure, en d'autres termes, que le vote électoral soit, comme la liberté religieuse, comme la liberté individuelle, comme la liberté de la pensée, au nombre des droits naturels, permanents, universels, au nombre des droits d'éternelle justice, « de ces droits (selon la belle expression de M. de « la Fayette) qu'il n'est permis à aucune puissance, pas « même à une nation tout entière, de violer, pas même « envers un seul homme? » Faut-il en conclure, enfin, que toutes les lois électorales de la France et toutes celles de l'Angleterre aient jusqu'ici reposé sur l'injustice, consacré l'oppression?

« C'est là, on le comprend, une question fort grave

et qu'il est impossible de passer sous silence. Cette question, d'ailleurs, se rattache étroitement à l'idée qu'on se fait de la souveraineté en elle-même, de sa nature et de ses limites. Ainsi, pour ceux qui croient à la souveraineté du nombre, le pouvoir, dans la rigueur de la logique, appartient à la majorité des individus, des volontés, et doit être absolu. Pour ceux qui font résider la souveraineté dans la justice et dans la raison, le pouvoir appartient à la majorité des droits, des intérêts, et doit être limité. Il est bon de remarquer, d'ailleurs, que, fort éloignées dans la théorie, les deux opinions tendent beaucoup à se rapprocher dans la pratique. Ainsi, parmi les partisans de la souveraineté du nombre, il s'en trouve peu qui pèsent au même poids le suffrage d'un idiot et celui d'un homme de génie, ou qui soient d'avis de livrer la minorité, sans protection, sans garantie, à la toute-puissance de la majorité. D'un autre côté, parmi les défenseurs de la souveraineté de la raison, il ne s'en trouve pas qui attribuent à la raison le don de se manifester sous une forme sensible ou de se révéler mystérieusement à quelques esprits d'élite. Malgré qu'on en ait, il faut donc en venir, ceux-là à limiter la souveraineté du nombre au nom de la raison et de la justice; ceux-ci, à déléguer au nombre, dans une certaine mesure, la souveraineté de la raison. Pour ma part, entre cette formule : « L'aptitude confère le droit, » et cette autre formule : « Le droit appartient à tous, mais sous la condition que « l'aptitude en précède l'exercice; » je ne vois pas, en fait, une très-grande différence. Ce sont, à ce qu'il me

semble, deux manières de parler plutôt que de penser
et d'agir.

« Quoi qu'il en soit, je le dis en toute sincérité, je n'ai
jamais pu comprendre comment ceux qui regardent le
vote électoral comme un droit naturel, absolu, universel,
le soumettent aussitôt eux-mêmes à des restrictions qui
ruinent de fond en comble leur principe. Je n'ai jamais
pu comprendre comment, par la force de la logique, ils
ne se trouvent pas conduits à compter également le
suffrage de toute créature humaine, dès qu'il est maté-
riellement possible de le recueillir. Est-ce que les droits
naturels n'appartiennent pas aux mineurs aussi bien
qu'aux majeurs, aux domestiques aussi bien qu'aux maîtres, aux femmes aussi bien qu'aux hommes? Est-ce que
le droit de pratiquer librement son culte, le droit de publier sa pensée, le droit d'être protégé dans sa personne
ne sont pas les mêmes pour tous les âges, pour toutes
les conditions, pour tous les sexes? Quand on fait, pour
certains droits politiques, des distinctions qu'on ne fait
pas pour d'autres, on reconnaît que ce ne sont pas des
droits identiques. On reconnaît que, si les uns ne peuvent
être légitimement retirés à personne, les autres doivent
rester subordonnés à certaines conditions, que la raison
publique détermine et dont le législateur est juge. Une
fois cette concession faite, la question de principe n'existe
plus.

« A la vérité, on cherche à démontrer que plus, mieux
que tout autre, le suffrage universel peut donner aux
peuples le bon gouvernement auquel les peuples ont

droit. Ainsi l'on dit que, par un heureux don de la Providence, les intelligences les moins vives, les moins cultivées s'éclairent, s'illuminent, en quelque sorte, par le contact et produisent en commun ce que, dans l'isolement, il serait absurde d'attendre d'elles. On dit que, grâce à cette faculté admirable, les hommes qui ne seraient pas propres à gouverner sont merveilleusement propres à choisir ceux qui gouvernent. On dit enfin que, pour empêcher les intérêts privés de prévaloir sur les intérêts généraux, l'intervention de la multitude est nécessaire. Dans une certaine mesure, tout cela peut être vrai; mais qu'on y prenne garde : du moment où l'on se place sur ce terrain, ce n'est plus de droit qu'il s'agit, mais d'utilité. Or, devant le droit, qui est absolu, il n'y a qu'à courber la tête. L'utilité, qui est relative, s'examine, au contraire, et se discute. On en vient donc, par une autre voie, à reconnaître que les lois électorales n'ont rien de nécessaire, rien d'immuable, et qu'elles doivent se modifier sans cesse, selon le progrès de la civilisation, selon le degré des lumières, selon l'état général des esprits et des mœurs. On en vient à reconnaître que le droit de suffrage doit avoir une double mesure : d'une part, l'aptitude de celui à qui on le confère; de l'autre, la grandeur, l'étendue des intérêts auxquels il s'applique. On en vient à reconnaître que, dans le choix à faire par le législateur entre tous les systèmes, entre tous les modes d'élection, il faut qu'il tienne compte de l'expérience autant que de la logique. On en vient à reconnaître, en un mot, que les questions électorales sont des questions purement politiques, c'est-à-dire des questions complexes et dont la solution dépend de mille circonstances diverses.

« J'ai d'ailleurs hâte de le dire : s'il fallait ici remonter à l'origine du droit électoral, en scruter la nature, en mesurer l'étendue, en déterminer les limites, je m'arrêterais devant la variété, devant la gravité des questions. Mon intention est plus modeste, et je la trouve clairement, nettement exprimée dans un discours que je prononçais il y a douze ans : « La loi électorale actuelle, di« sais-je alors, donne-t-elle au pays le gouvernement re« présentatif vrai, le gouvernement pour lequel, pendant « quinze ans, la France a combattu? voilà la question. » A mon sens, la question est, aujourd'hui, la même, bien que je la résolve autrement. En 1835, il me semblait que la loi électorale, malgré ses imperfections notoires, fonctionnait bien, et qu'elle donnait à la France le gouvernement représentatif vrai. En 1847, il me semble qu'elle fonctionne mal, et qu'elle laisse périr le gouvernement représentatif. Il me semble, en outre, après y avoir regardé de près, que cela tient non pas à quelques circonstances passagères, accidentelles, mais aux vices mêmes de son mécanisme. *Avais-je raison, ou tort, en 1835? peu importe.* Ce qui importe, c'est de savoir si j'ai tort ou raison en 1847. Si, comme je le pense, *les lois électorales n'ont qu'une bonté relative*, il serait d'ailleurs possible que la loi de 1831, bonne en 1835, fût mauvaise en 1847; il serait possible qu'il fût sage alors de la maintenir, et qu'il soit sage de la réformer aujourd'hui. Encore une fois, là n'est pas la question. Bonne ou mauvaise, salutaire ou nuisible à une autre époque, la loi électorale s'acquitte-t-elle aujourd'hui avec régularité, avec efficacité des fonctions qui, dans le mécanisme de notre constitution, lui sont spécialement attribuées? Si elle s'en acquitte mal, à quoi cela tient-il, et que faut-il faire pour la soustraire aux influences pernicieuses qui la paralysent et qui la faussent? Voilà ce qu'il s'agit de rechercher sans parti pris, sans prévention, avec le seul désir de rendre au gouvernement représentatif, dont la loi électorale est le pivot, la puissance qu'il a perdue. »

Après avoir résumé les principales dispositions des lois électorales qui ont régi la France depuis 1789 jusqu'à nos jours, M. Duvergier entre dans une savante dissertation sur l'élection à deux degrés; nous y puisons des observations précieuses :

« L'élection à deux degrés serait d'ailleurs une ridicule parodie, si le droit de voter dans les assemblées primaires ne s'étendait pas à presque tous les citoyens. On tombe alors dans cette singulière contradiction, de créer un corps électoral peu indépendant, peu éclairé, et de lui confier une opération difficile, complexe, une opération qui suppose autant de réflexion que de prévoyance. N'est-ce pas mettre ce corps électoral à la discrétion, à la merci de toutes les influences, de toutes les passions locales et personnelles? N'est-ce pas en faire un instrument aveugle et servile tantôt des factions, tantôt du pouvoir, selon les temps?

« A ces raisons, souvent produites contre le vote à

deux degrés, j'en ajoute une qui me paraît fort grave :
ce que nous déplorons par-dessus tout, c'est que, chaque
jour, la pensée politique tend à disparaître des collèges
électoraux ; rendre aux opérations électorales le mouvement politique, qui s'arrête, la vie politique, qui s'éteint,
voilà notre désir et notre but ; or ce mouvement et cette
vie, où trouveront-ils place, dans l'élection à deux degrés? Ce qui constitue le mouvement et la vie politiques,
ce n'est point le fait d'écrire isolément et silencieusement
sur un bulletin un ou plusieurs noms, connus ou inconnus : ce sont les réunions où les électeurs, arrachés,
pour quelques jours, à l'égoïsme de la vie privée, se
communiquent, se transmettent leurs impressions, leurs
sentiments, leurs idées ; ce sont surtout les assemblées
où, en présence des électeurs, les candidats viennent,
comme en Angleterre, exposer leurs principes, débattre
leurs opinions, justifier leurs votes. Quand auront lieu
ces réunions, ces assemblées dont il importe tant aux
vrais amis du gouvernement représentatif d'étendre l'u-
sage, de consacrer l'habitude? Ce ne sera point, ce ne
peut pas être au premier degré d'élection, au chef-lieu
du canton ou de la commune. Ce sera donc au second
degré, quand les électeurs se réuniront au chef-lieu de
département pour nommer les députés. Mais qu'on y
prenne garde : l'élection, alors, sera à peu près faite.
Si l'élection primaire conserve encore quelque chose de
politique, chaque électeur, en effet, aura été choisi dans
l'intérêt de tel ou tel candidat, avec tel ou tel mandat positif. A quoi serviront, dès lors, si ce n'est à amuser l'au-

ditoire, les questions des électeurs, les explications des candidats? »

Plus loin, M. Duvergier examine le scrutin de liste. Là il s'est débarrassé des anciennes théories; il trouve vite la vérité, et l'exprime avec netteté et élévation :

« Quel est le vice essentiel du scrutin de liste? le voici, ce me semble, tel qu'on l'a toujours signalé : quand chaque électeur doit écrire un seul nom sur son bulletin, il choisit naturellement, nécessairement celui des candidats qui lui convient le mieux; mais qu'au lieu d'un seul nom, l'électeur en ait plusieurs à écrire, et il est impossible que, dans son choix, il y ait le même discernement, la même indépendance; il est impossible qu'entre ses opinions et ses affections, entre ses devoirs et ses intérêts il ne s'opère pas, à son insu même, de funestes compromis. Presque toujours, d'ailleurs, chaque électeur a un candidat qu'il préfère à tous les autres et dont il désire avant tout le succès. Pour faire passer ce candidat, il est prêt à entrer en négociation, en arrangement avec quiconque peut offrir un appoint. De là une porte ouverte à tous les calculs et à toutes les intrigues ; de là, non-seulement entre les partis, ce qui pourrait être légitime, mais entre les personnes, des transactions mystérieuses, des pactes secrets, qui vicient la sincérité de l'élection ; de là aussi ces combinaisons étranges, imprévues, qui placent quelquefois à la tête de la liste le candidat dont, au fond, personne ne voulait. Si, comme M. Guizot le disait, en 1826, « le principe fondamental, « en cette matière, est que l'électeur fasse ce qu'il veut

« et qu'il sache ce qu'il fait, » ce principe est violé à
double titre. L'électeur ne fait pas ce qu'il veut et ne sait
pas ce qu'il fait. »

Le langage de M. Guizot était celui du principe d'au
torité, du droit social. Nous ne disons plus:«Le principe
fondamental est que l'électeur *fasse ce qu'il veut* et sache
ce qu'il fait. » Mais, le principe fondamental est que
l'électeur fasse ce qu'il doit. S'il sait bien ce qu'il doit
faire, il saura ce qu'il fait.

La société ne peut pas exiger d'un homme qu'il sache
ce qu'il veut; il répondra qu'il est libre, en ce qui le
concerne, de ne rien vouloir du tout. Mais quand il doit
remplir son obligation, alors il est bien tenu de *savoir*,
il n'est plus libre.

Quelques pages plus loin, M. Duvergier résume ainsi
ce qu'il appelle ses principes vrais :

« J'écarte donc toutes les réformes qui détruiraient,
qui ruineraient de fond en comble la loi électorale actuelle; et, me plaçant au cœur même de cette loi, je me
demande quels sont les principes sur lesquels elle est
censée reposer. Les voici, ce me semble, tels qu'on les
a toujours définis.

« La Chambre des députés doit être, dans de justes
proportions, la représentation fidèle des droits, des intérêts, des opinions du pays.

« Le droit d'élire n'est ni un droit universel que tous
puissent réclamer, ni un privilége créé au profit de quelques-uns. C'est un droit que la capacité confère, que la

loi reconnait et qui s'exerce au profit de la société tout entière.

« Pour que l'attribution du droit électoral aux uns plutôt qu'aux autres se justifie aux yeux de la raison, de la justice, de la morale, il faut que ceux qui s'en trouvent investis y voient une fonction sociale à exercer, non une propriété privée à exploiter, et que l'élection soit toujours libre et pure. »

Qu'est-ce qui tracera la juste proportion ?

Qu'est-ce que cette représentation fidèle des droits, des intérêts, des opinions du pays? M. Prevost-Paradol a ajouté récemment à cette énumération les *préjugés*. C'est donc une véritable *exposition* artistique, littéraire, industrielle et amusante, que veut le droit social.

Le fond de tout ceci conduit à créer une aristocratie de l'intelligence,— autre forme du droit social. Malgré les vœux de l'auteur, jamais l'élection en matière de privilége ne sera ni libre ni pure.

Il eût suffit de renverser la deuxième proposition pour trouver la liberté et dire :

« Il n'y a ni droit d'élire, ni droit universel, ni privilége créé au profit de quelques-uns, c'est un devoir social imposé à tous, qui n'a d'excuse que l'incapacité, » et, alors, serait venue logiquement la dernière phrase de l'auteur, en conséquence,« ceux qui s'en trouvent investis, — ou mieux, ceux à qui il incombe — y verront une fonction sociale à remplir et non une propriété privée à exploiter. » L'élection ne sera libre et pure que sous la sauvegarde de ces principes.

Note E.

Page 95.

SUR LES CANDIDATS CONCURRENTS.

Le despotisme, les sottises et les vices du droit divin
et du droit social ont laissé des traces si profondes dans
nos mœurs, que les meilleurs esprits et les caractères les
plus honorables ont grand'peine à se dépouiller du vieil
homme, et que nous avons vu plusieurs libéraux conjurer
les concurrents de même nuance de retirer leurs candidatures en faveur de l'un d'eux, afin d'éviter, disaient-ils
de déplorables divisions.

Agir ainsi, c'est méconnaître l'essence même du suffrage universel. Le devoir est de se concerter et de réunir
les voix sur les candidatures les plus favorisées par la
majorité. Mais comment connaître à l'avance le secret de
la majorité? Comment, sans violer la liberté, interdire
à tel groupe la faculté de porter le candidat qu'il préfère
parce que celui-ci semble moins favorisé par le groupe
voisin? Comment pouvoir fouiller d'avance la conscience
du scrutin? En général, ce travail est de toute impossibilité avant le premier tour du scrutin.

Les concurrences de démocrates libéraux dans une
même circonscription doivent être favorisées et non re-
poussées; elles révèlent une grande fécondité de talents,
qui doit causer allégresse, et nulle crainte, si l'on sait

pratiquer les règles de la justice au second tour de scrutin.

Cinq, dix, vingt candidatures rivales dans une même circonscription est une chose excellente, à la condition que les candidats de même nuance se présenteront aux électeurs, non en ennemis, mais comme des rivaux amis. Leur premier devoir sera de signer collectivement une circulaire dans laquelle il sera dit :

« Nous nous présentons tous à vos suffrages, parce que nous avons été appelés par des groupes différents. A vous de choisir le meilleur entre les candidats amis. Pénétrés de la grandeur de notre cause et prêts à lui sacrifier tout sentiment d'intérêt personnel, il a été, dès à présent, expressément convenu entre nous, qu'après le premier tour de scrutin, nous retirerons tous nos candidatures en faveur de celui qui aura obtenu la majorité relative. En cas de nombre égal de voix, le plus âgé restera seul candidat. Nous sommes persuadés qu'en suivant les règles de cette haute justice, nous assurerons à la cause libérale une première victoire au premier tour de scrutin, et un triomphe définitif au second. »

Celui qui pense autrement n'a jamais pénétré le secret du suffrage universel, il transforme en loterie aux dés pipés ce qui doit être acte de justice.

Notre illustre orateur, M. Jules Favre, ne pensait certainement pas autrement, quand il disait que dans le parti libéral, les élections devaient être des luttes de famille où il pouvait y avoir des vainqueurs, mais pas de vaincus.

Note F.

DÉCLARATION DES DROITS DE L'HOMME ET DU CITOYEN.

3-14 septembre 1791.

Les représentants du peuple français, constitués en Assemblée nationale, considérant que l'ignorance, l'oubli ou le mépris des droits de l'homme, sont les seules causes des malheurs publics et de la corruption des gouvernements, ont résolu d'exposer dans une déclaration solennelle, les droits naturels, inaliénables et sacrés de l'homme, afin que cette déclaration, constamment présente à tous les membres du corps social, leur rappelle sans cesse leurs droits et leurs devoirs ; afin que les actes du pouvoir législatif et ceux du pouvoir exécutif, pouvant être à chaque instant comparés avec le but de toute institution politique, en soient plus respectés ; afin que les réclamations des citoyens, fondées désormais sur des principes simples et incontestables, tournent toujours au maintien de la constitution et au bonheur de tous.

En conséquence, l'Assemblée nationale reconnaît et déclare, en présence et sous les auspices de l'Être suprême, les droits suivants de l'homme et du citoyen.

ART. 1er. Les hommes naissent et demeurent libres et

égaux en droits. Les distinctions sociales ne peuvent être fondées que sur l'utilité commune.

Art. 2. Le but de toute association politique est la conservation des droits naturels et imprescriptibles de l'homme. Ces droits sont la liberté, la propriété, la sûreté et la résistance à l'oppression.

Art. 3. Le principe de toute souveraineté réside essentiellement dans la nation ; nul corps, nul individu ne peut exercer d'autorité qui n'en émane expressément.

Art. 4. La liberté consiste à pouvoir faire tout ce qui ne nuit pas à autrui : ainsi l'exercice des droits naturels de chaque homme n'a de bornes que celles qui assurent aux autres membres de la société la jouissance de ces mêmes droits. Ces bornes ne peuvent être déterminées que par la loi.

Art. 5. La loi n'a le droit de défendre que les actions nuisibles à la société. Tout ce qui n'est pas défendu par la loi ne peut être empêché, et nul ne peut être contraint à faire ce qu'elle n'ordonne pas.

Art. 6. La loi est l'expression de la volonté générale. Tous les citoyens ont droit de concourir personnellement, ou par leurs représentants, à sa formation. Elle doit être la même pour tous, soit qu'elle protége, soit qu'elle punisse. Tous les citoyens étant égaux à ses yeux, sont également admissibles à toutes dignités, places et emplois publics, selon leur capacité, et sans autre distinction que celle de leurs vertus et de leurs talents.

Art. 7. Nul homme ne peut être accusé, arrêté ni détenu que dans les cas déterminés par la loi, et selon les formes qu'elle a prescrites. Ceux qui sollicitent, expédient, exécutent ou font exécuter des ordres arbitraires, doivent être punis : mais tout citoyen appelé ou saisi en vertu de la loi, doit obéir à l'instant ; il se rend coupable par la résistance.

Art. 8. La loi ne doit établir que des peines strictement et évidemment nécessaires, et nul ne peut être puni qu'en vertu d'une loi établie et promulguée antérieurement au délit, et légalement appliquée.

Art. 9. Tout homme étant présumé innocent jusqu'à ce qu'il ait été déclaré coupable, s'il est jugé indispensable de l'arrêter, toute rigueur qui ne serait pas nécessaire pour s'assurer de sa personne, doit être sévèrement réprimée par la loi.

Art. 10. Nul ne doit être inquiété pour ses opinions, même religieuses, pourvu que leur manifestation ne trouble pas l'ordre public établi par la loi.

Art. 11. La libre communication des pensées et des opinions est un des droits les plus précieux de l'homme; tout citoyen peut donc parler, écrire, imprimer librement, sauf à répondre de l'abus de cette liberté dans les cas déterminés par la loi.

Art. 12. La garantie des droits de l'homme et du citoyen nécessite une force publique; cette force est donc instituée pour l'avantage de tous, et non pour l'utilité particulière de ceux auxquels elle est confiée.

Art. 13. Pour l'entretien de la force publique, et pour les dépenses d'administration, une contribution commune est indispensable ; elle doit être également répartie entre tous les citoyens, en raison de leurs facultés.

Art. 14. Tous les citoyens ont le droit de constater, par eux-mêmes ou par leurs représentants, la nécessité de la contribution publique, de la consentir librement, d'en suivre l'emploi, et d'en déterminer la quotité, l'assiette, le recouvrement et la durée.

Art. 15. La société a le droit de demander compte à tout agent public de son administration.

Art. 16. Toute société dans laquelle la garantie des droits n'est pas assurée, ni la séparation des pouvoirs déterminée, n'a point de constitution.

Art. 17. La propriété étant un droit inviolable et sacré, nul ne peut en être privé, si ce n'est lorsque la nécessité publique, légalement constatée, l'exige évidemment, et sous la condition d'une juste et préalable indemnité.

CONSTITUTION FRANÇAISE.

L'Assemblée nationale, voulant établir la constitution française sur les principes qu'elle vient de reconnaître et de déclarer, abolit irrévocablement les institutions qui blessaient la liberté et l'égalité des droits.

Il n'y a plus ni noblesse, ni pairie, ni distinctions héréditaires, ni distinctions d'ordres, ni régime féodal, ni justices patrimoniales, ni aucun des titres, dénominations et prérogatives qui en dérivaient, ni aucun ordre de chevalerie, ni aucune des corporations ou décorations pour lesquelles on exigeait des preuves de noblesse, ou qui supposaient des distinctions de naissance, ni aucune autre supériorité, que celle des fonctionnaires publics dans l'exercice de leurs fonctions.

Il n'y a plus ni vénalité ni hérédité d'aucun office public.

Il n'y a plus, pour aucune partie de la nation, ni pour aucun individu, aucun privilége ni exception au droit commun de tous les Français.

Il n'y a plus ni jurandes, ni corporations de professions, arts et métiers.

La loi ne reconnaît plus ni vœux religieux, ni aucun autre engagement qui serait contraire aux droits naturels ou à la constitution.

. . . .

DÉCLARATION DES DROITS DE L'HOMME.

29 mai – 8 juin 1793.

La Convention nationale décrète ce qui suit:

ARTICLE PREMIER. Les droits de l'homme en société sont : l'égalité, la liberté, la sûreté, la propriété, la garantie sociale et la résistance à l'oppression.

ART. 2. L'égalité consiste à ce que chacun puisse jouir des mêmes droits.

ART. 3. La loi est l'expression de la volonté générale ; elle est égale pour tous, soit qu'elle récompense ou qu'elle punisse, soit qu'elle protége ou qu'elle réprime.

ART. 4. Tous les citoyens sont admissibles à toutes les places, emplois ou fonctions publiques ; les peuples libres ne connaissent d'autres motifs de préférence dans leur choix que les vertus et les talents.

Art. 5. La liberté consiste à pouvoir faire tout ce qui ne nuit pas à autrui.

Elle repose sur cette maxime : Ne fais pas aux autres ce que tu ne veux pas qu'ils te fassent.

Art. 6. Tout homme est libre de manifester sa pensée et ses opinions.

Art. 7. La liberté de la presse et de tout autre moyen de publier ses pensées, ne peut être interdite, suspendue, ni limitée.

Art. 8. La conservation de la liberté dépend de la soumission à la loi. Tout ce qui n'est pas défendu par la loi ne peut être empêché, et nul ne peut être contraint à faire ce qu'elle n'ordonne pas.

Art. 9. La sûreté consiste dans la protection accordée par la société à chaque citoyen pour la conservation de sa personne, de ses biens et de ses droits.

Art. 10. Nul ne doit être accusé, arrêté ni détenu que dans les cas déterminés par la loi, et selon les formes qu'elle a prescrites ; mais tout homme appelé ou saisi par l'autorité de la loi doit obéir à l'instant : il se rend coupable par la résistance.

Art. 11. Tout acte exercé contre un homme hors des cas et sans les formes déterminées par la loi est arbitraire et nul ; tout homme contre qui l'on tenterait d'exécuter un pareil acte a le droit de repousser la force par la force.

Art. 12. Ceux qui solliciteraient, expédieraient, signeraient, exécuteraient ou feraient exécuter des actes arbitraires seront coupables et doivent être punis.

Art. 13. Tout homme étant présumé innocent jusqu'à ce qu'il ait été déclaré coupable, s'il est jugé indispensable de l'arrêter, toute rigueur qui ne serait pas nécessaire pour s'assurer de sa personne doit être sévèrement réprimée par la loi.

Art. 14. Nul ne doit être jugé et puni qu'en vertu d'une loi établie, promulguée antérieurement au délit, et légalement appliquée : la loi qui punirait des délits commis avant qu'elle existât serait un acte arbitraire.

Art. 15. L'effet rétroactif donné à la loi est un crime.

Art. 16. La loi ne doit décerner que des peines strictement et évidemment nécessaires : les peines doivent être proportionnées au délit, et utiles à la société.

Art. 17. Le droit de propriété consiste en ce que tout homme est le maître de disposer, à son gré, de ses biens, de ses capitaux, de ses revenus et de son industrie.

Art. 18. Nul genre de travail, de culture, de commerce, ne peut lui être interdit; il peut fabriquer, vendre et transporter toute espèce de productions.

Art. 19. Tout homme peut engager ses services, son temps; mais il ne peut se vendre lui-même; sa personne n'est pas une propriété aliénable.

Art. 20. Nul ne peut être privé de la moindre portion de sa propriété, sans son consentement, si ce n'est lorsque la nécessité publique, légalement constatée, l'exige évidemment, et sous la condition d'une juste et préalable indemnité.

Art. 21. Nulle contribution ne peut être établie que pour l'utilité générale, et pour subvenir aux besoins publics. Tous les citoyens ont droit de concourir personnellement, ou par des représentants, à l'établissement des contributions; d'en surveiller l'emploi, et de s'en faire rendre compte.

Art. 22. L'instruction est le besoin de tous, et la société la doit également à tous ses membres.

Art. 23. Les secours publics sont une dette sacrée, et c'est à la loi à en déterminer l'étendue et l'application.

Art. 24. La garantie sociale, les droits de l'homme, consistent dans l'action de tous pour assurer à chacun la jouissance et la conservation de ses droits.

Cette garantie repose sur la souveraineté nationale.

Art. 25. La garantie sociale ne peut exister, si les limites des fonctions publiques ne sont pas clairement déterminées par la loi, et si la responsabilité de tous les fonctionnaires publics n'est pas assurée.

Art. 26. La souveraineté nationale réside essentiellement dans le peuple entier, et chaque citoyen a un droit égal de concourir à son exercice; elle est une et indivisible, imprescriptible et inaliénable.

Art. 27. Nulle réunion partielle de citoyens et nul individu ne peuvent s'attribuer la souveraineté.

Art. 28. Nul, dans aucun cas, ne peut exercer aucune autorité, et remplir aucune fonction publique, sans une délégation formelle de la loi.

Art. 29. Dans tout gouvernement libre, les hommes doivent avoir un moyen légal de résister à l'oppression;

et lorsque ce moyen est impuissant, l'insurrection est le plus saint de tous les devoirs [1].

Art. 30. Un peuple a toujours droit de revoir, de réformer et de changer sa constitution.

Une génération n'a pas le droit d'assujettir à ses lois les générations futures ; toute hérédité dans les fonctions est absurde et tyrannique.

---

[1] Le rapprochement de ces deux déclarations permet d'apprécier l'exactitude de nos critiques (v. p. 55) ; si certains principes sont mieux précisés dans la seconde déclaration, celui de la garantie sociale, par exemple (art. 24), cet avantage disparaît sous les ravages du *Droit social* (art. 25 et suivant). L'individu est immolé à la fiction du souverain collectif ; et si le souverain se fait oppresseur, alors l'insurrection devient un devoir. Comme si le sabre pouvait jamais rien fonder de durable!!! C'est par la raison et la discussion qu'une minorité se développe et se transforme en majorité. Mais le droit social ne comprenait rien de tout cela, il ne comptait que sur la force brutale de la caserne ou de la rue, et son ignorance allait jusqu'à confondre un moyen avec un principe.

CONSTITUTION

TITRE V.

DU CORPS LÉGISLATIF.

Art. 34. L'élection a pour base la population.

Art. 35. Il y aura un député au Corps Législatif à raison de *trente-cinq mille* électeurs.

(Modifié. — Voyez le sénatus-consulte du 27 mai 1857.)

Art. 36. Les députés sont élus par le suffrage universel, sans scrutin de liste.

SÉNATUS-CONSULTE

Portant modification de l'article 35 de la Constitution.

27 mai 1857.

NAPOLÉON, etc.

Art. 1ᵉʳ. L'article 35 de la Constitution est modifié ainsi qu'il suit :

Il y aura un député au Corps Législatif à raison de 35,000 électeurs; néanmoins, il est attribué un député de plus à chacun des départements dans lesquels le nombre excédant des électeurs dépasse 17,500.

Art. 2. Un décret impérial réglera le tableau des députés à élire dans chaque département, en conformité du présent sénatus-consulte.

SÉNATUS-CONSULTE

Portant que les candidats au mandat de député au Corps législatif devront, huit jours au moins avant l'ouverture du scrutin, déposer à la préfecture un écrit contenant le serment formulé dans l'article 16 du Sénatus-Consulte du 25 décembre 1852.

17 février 1858.

NAPOLÉON, etc.

Nul ne peut être élu député au Corps Législatif, si, huit jours au moins avant l'ouverture du scrutin, il n'a deposé, soit en personne, soit par un fondé de pouvoirs en forme authentique, au secrétariat de la préfecture du département dans lequel se fait l'élection, un écrit signé de lui, contenant le serment formulé dans l'article 16 du sénatus-consulte du 25 décembre 1852.

L'écrit déposé ne peut, à peine de nullité, contenir que ces mots : « Je jure obéissance à la Constitution et fidélité à l'Empereur. »

Il en est donné récépissé.

Art. 2. La publication d'une candidature, la distribution et l'affichage des circulaires et des bulletins électoraux pour lesquels le dépôt au parquet du procureur impérial aura été effectué, ne peuvent avoir lieu qu'après que le candidat s'est conformé aux dispositions de l'article précédent.

Toute publication, distribution, ou tout affichage antérieur seront punis des peines portées par l'art. 6 de la loi du 27 juillet 1849.

Art. 3. Pendant la durée des opérations électorales, un tableau, certifié par le préfet et contenant les noms des candidats qui ont rempli, dans le délai voulu, la prescription de l'article 1er du présent sénatus-consulte, est déposé sur le bureau.

Les bulletins portant le nom d'un candidat qui ne se sera pas conformé aux dispositions de l'art. 1er du présent sénatus-consulte sont nuls, et n'entrent point en compte dans le résultat du dépouillement du scrutin ; mais ils sont annexés au procès-verbal.

DÉCRET ORGANIQUE

Pour l'élection des députés au Corps législatif.

2 février 1852.

LOUIS-NAPOLÉON, Président de la République française,

Sur le rapport du ministre secrétaire d'État au département de l'intérieur,

Décrète :

TITRE Iᵉʳ.

DU CORPS LÉGISLATIF.

Art. 1ᵉʳ. Chaque département aura un député à raison de trente-cinq mille électeurs ; néanmoins, il est attribué un député de plus à chacun des départements dans lesquels le nombre *excédant des électeurs s'élève à vingt-cinq mille. En conséquence, le nombre total des députés au prochain Corps Législatif est de deux cent soixante et un.*

L'Algérie et les colonies ne nomment pas de députés au Corps Législatif.

Art. 2. Chaque département est divisé, par un décret du Pouvoir exécutif, en circonscriptions électorales égales en nombre aux députés qui lui sont attribués par le tableau annexé à la présente loi.

Ce tableau sera revisé tous les cinq ans.

Chaque circonscription élit un seul député.

Art. 3. Le suffrage est direct et universel.

Le scrutin est secret.

Les électeurs se réunissent au chef-lieu de leur commune.

Chaque commune peut néanmoins être divisée, par arrêté du préfet, en autant de sections que le rend nécessaire le nombre des électeurs inscrits ; l'arrêté pourra fixer le siége de ces sections hors du chef-lieu de la commune.

Art. 4. Les colléges électoraux sont convoqués par un décret du Pouvoir exécutif. L'intervalle entre la promulgation du décret et l'ouverture des colléges électoraux est de vingt jours au moins.

Art. 5. Les opérations électorales sont vérifiées par le Corps Législatif, qui est seul juge de leur validité.

Art. 6. Nul n'est élu ni proclamé député au Corps Législatif, au premier tour de scrutin, s'il n'a réuni 1° la majorité absolue des suffrages exprimés; 2° un nombre égal au quart de celui des électeurs inscrits sur la totalité des listes de la circonscription électorale.

Au second tour de scrutin, l'élection a lieu à la majorité relative, quel que soit le nombre des votants; dans le cas où les candidats obtiendraient un nombre égal de suffrages, le plus âgé sera proclamé député.

Art. 7. Le député élu dans plusieurs circonscriptions électorales doit faire connaître son option au Président du Corps Législatif dans les dix jours qui suivront la déclaration de la validité de ces élections.

Art. 8. En cas de vacance par option, décès, démission ou autrement, le collége électoral qui doit pourvoir à la vacance est réuni dans le délai de six mois.

Art. 9. Les députés ne pourront être recherchés, accusés ni jugés en aucun temps pour les opinions qu'ils auront émises dans le sein du Corps Législatif.

Art. 10. Aucune contrainte par corps ne peut être exercée contre un député durant la session et pendant les six semaines qui l'auront précédée ou suivie.

Art. 11. Aucun membre du Corps législatif ne peut, pendant la durée de la session, être poursuivi ni arrêté en matière criminelle, sauf le cas de flagrant délit, qu'après que le Corps législatif a autorisé la poursuite.

TITRE II.

DES ÉLECTEURS ET DES LISTES ÉLECTORALES.

Art. 12. Sont électeurs, sans condition de cens, tous les Français âgés de vingt et un ans accomplis, jouissant de leurs droits civils et politiques.

Art. 13. La liste électorale est dressée, pour chaque commune, par le maire. Elle comprend, par ordre alphabétique :

1ᶜ Tous les électeurs habitant dans la commune depuis six mois au moins ;

2° Ceux qui, n'ayant pas atteint, lors de la formation de la liste, les conditions d'âge et d'habitation, doivent les acquérir, avant la clôture définitive.

Art. 14. Les militaires en activité de service et les hommes retenus pour le service des ports ou de la flotte, en vertu de leur immatriculation sur les rôles de l'inscription maritime, seront portés sur les listes des communes où ils étaient domiciliés avant leur départ.

Ils ne pourront voter pour les députés au Corps législatif que lorsqu'ils seront présents, au moment de l'élection, dans la commune où ils seront inscrits.

Art. 15. Ne doivent pas être inscrits sur les listes électorales :

1° Les individus privés de leurs droits civils et politiques par suite de condamnation, soit à des peines afflictives ou infamantes, soit à des peines infamantes seulement ;

2° Ceux auxquels les tribunaux, jugeant correctionnellement, ont interdit le droit de vote et d'élection, par application des lois qui autorisent cette interdiction ;

3° Les condamnés pour crime à l'emprisonnement, par application de l'article 463 du Code pénal ;

4° Ceux qui ont été condamnés à trois mois de prison, par application des articles 318 et 423 du Code pénal ;

5° Les condamnés pour vol, escroquerie, abus de confiance, soustraction commise par les dépositaires de deniers publics, ou attentats aux mœurs, prévus par les articles 330 et 334 du Code pénal, quelle que soit la durée de l'emprisonnement auquel ils ont été condamnés ;

6° Les individus qui, par application de l'article 8 de la loi du 17 mai 1819 et de l'article 3 du décret du 11 août 1848, auront été condamnés pour outrage à la morale publique et religieuse ou aux bonnes mœurs, et pour attaque contre le principe de la propriété et les droits de la famille ;

7° Les individus condamnés à plus de trois mois d'emprisonnement en vertu des articles 13, 33, 34, 35, 36, 38, 39, 40, 41, 42, 45, 46 de la présente loi ;

8° Les notaires, greffiers et officiers ministériels destitués en vertu de jugements ou décisions judiciaires ;

9° Les condamnés pour vagabondage ou mendicité ;

10° Ceux qui auront été condamnés à trois mois de prison au moins, par application des articles, 439, 443, 444, 445, 446, 447 et 452 du Code pénal ;

11° Ceux qui auront été déclarés coupables des délits prévus par les articles 410 et 411 du Code pénal, et par la loi du 21 mai 1836 portant prohibition des loteries ;

12° Les militaires condamnés au boulet ou aux travaux publics ;

13° Les individus condamnés à l'emprisonnement, par application des articles 38, 41, 43 et 45 de la loi du 21 mars 1832 sur le recrutement de l'armée ;

14° Les individus condamnés à l'emprisonnement, par application de l'article 1er de la loi du 27 mars 1851 ;

15° Ceux qui ont été condamnés pour délit d'usure ;

16° Les interdits ;

17° Les faillis non réhabilités dont la faillite a été déclarée soit par les tribunaux français, soit par jugements rendus à l'étranger, mais exécutoires en France.

Art. 16. Les condamnés à plus d'un mois d'emprisonnement pour rébellion, outrages et violences envers les dépositaires de l'autorité ou de la force publique, pour outrages publics envers un juré à raison de ses fonctions, ou envers un juré à raison de sa déposition, pour délits prévus par la loi sur les attroupements et la loi sur les clubs, et pour infractions à la loi sur le colportage, ne pourront pas être inscrits sur la liste électorale pendant cinq ans, à dater de l'expiration de leur peine.

Art. 17. Les listes électorales qui ont servi au vote des 20 et 21 décembre 1851 sont déclarées valables jusqu'au 31 mars 1853.

Art. 18. Les listes électorales sont permanentes.

Elles sont l'objet d'une révision annuelle.

Un décret du Pouvoir exécutif déterminera les règles et les formes de cette opération.

Art. 19. Lors de la révision annuelle, et dans les délais qui seront réglés par les décrets du Pouvoir exécutif, tout citoyen omis sur la liste pourra présenter sa réclamation à la mairie.

Tout électeur inscrit sur l'une des listes de la circonscription électorale pourra réclamer la radiation ou l'inscription d'un individu omis ou indûment inscrit.

Le même droit appartient aux préfets et aux sous-préfets.

Il sera ouvert, dans chaque mairie, un registre sur lequel les réclamations seront inscrites par ordre de date. Le maire devra donner récépissé de chaque réclamation.

L'électeur dont l'inscription aura été contestée en sera averti sans frais par le maire et pourra présenter ses observations.

Art. 20. Les réclamations seront jugées par une commission composée, à Paris, du maire et de deux adjoints : partout ailleurs, du maire et de deux membres du conseil municipal désignés par le conseil.

Art. 21. Notification de la décision sera, dans les trois jours, faite aux intéressés par le ministère d'un agent assermenté.

Elles pourront interjeter appel dans les cinq jours de la notification.

Art. 22. L'appel sera porté devant le juge de paix du canton : il sera formé par simple déclaration au greffe ; le juge de paix statuera dans les dix jours, sans frais ni forme de procédure, et sur simple avertissement donné trois jours à l'avance à toutes les parties intéressées.

Toutefois, si la demande portée devant lui implique la solution préjudicielle d'une question d'État, il renverra préalablement les parties à se pourvoir devant les juges compétents, et fixera un bref délai dans lequel la partie qui aura élevé la question préjudicielle devra justifier de ses diligences.

Il sera procédé, en ce cas, conformément aux articles 855, 856 et 858 du Code de procédure.

Art. 23. La décision du juge de paix est en dernier ressort ; mais elle peut être déférée à la cour de cassation.

Le pourvoi n'est recevable que que s'il est formé dans les dix jours de la notification de la décision.

Il n'est pas suspensif.

Il est formé par simple requête dénoncée aux défendeurs dans les dix jours qui suivent ; il est dispensé de l'intermédiaire d'un avocat à la cour, et jugé d'urgence, sans frais ni consignation d'amende.

Les pièces et mémoires fournis par les parties sont transmis, sans frais, par le greffier de la justice de paix au greffier de la cour de cassation.

La chambre des requêtes de la cour de cassation statue définitivement sur le pourvoi.

Art. 24. Tous les actes judiciaires sont, en matière électorale, dispensés du timbre et enregistrés gratis.

Les extraits des actes de naissance nécessaires pour établir l'âge des électeurs sont délivrés gratuitement, sur papier libre à tout réclamant. Ils portent en tête de leur texte l'énonciation de leur destination spéciale, et ne peuvent servir à aucune autre.

Art. 25. L'élection est faite sur la liste revisée pendant toute l'année qui suit la clôture de la liste.

TITRE III.

DES ÉLIGIBLES.

Art. 26. Sont éligibles, sans condition de domicile, tous les électeurs âgés de vingt-cinq ans.

Art. 27. Sont déclarés indignes d'être élus les individus désignés aux articles 15 et 16 de la présente loi.

Art. 28. Sera déchu de la qualité de membre du Corps législatif tout député qui, pendant la durée de son mandat, aura été frappé d'une condamnation emportant, aux termes de l'article précédent, la privation du droit d'être élu.

La déchéance sera prononcée par le Corps législatif sur le vu des pièces justificatives.

Art. 29. Toute fonction publique rétribuée est incompatible avec le mandat de député au Corps législatif.

Tout fonctionnaire rétribué élu député au Corps législatif sera réputé démissionnaire de ses fonctions par le seul fait de son admission comme membre du Corps législatif, s'il n'a pas opté avant la vérification de ses pouvoirs.

Tout député au Corps législatif est réputé démissionnaire par le seul fait de l'acceptation de fonctions publiques salariées.

Art. 30. Ne pourront être élus dans tout ou partie de leur ressort, pendant les six mois qui suivraient leur destitution, leur démission ou tout autre changement de leur position, les fonctionnaires publics ci-après indiqués :

Les premiers présidents, les procureurs généraux;

Les présidents des tribunaux civils et les procureurs de la République ;

Le commandant supérieur des gardes nationales de la Seine ;

Le préfet de police, les préfets et les sous-préfets ;

Les archevêques, évêques et vicaires généraux ;

Les officiers généraux commandant les divisions et subdivisions militaires ;

Les préfets maritimes.

TITRE IV.

DISPOSITIONS PÉNALES.

Art. 31. Toute personne qui se sera fait inscrire sur la liste électorale sous de faux noms ou de fausses qualités, ou aura, en se faisant inscrire, dissimulé une incapacité prévue par la loi, ou aura réclamé et obtenu une inscription sur deux ou plusieurs listes, sera punie d'un emprisonnement d'un mois à un an et d'une amende de cent à mille francs.

Art. 32. Celui qui, déchu du droit de voter, soit par suite d'une condamnation judiciaire, soit par suite d'une faillite non suivie de réhabilitation, aura voté, soit en vertu d'une inscription sur les listes antérieures à sa déchéance, soit en vertu d'une inscription postérieure, mais opérée sans sa participation, sera puni d'un emprisonnement de quinze jours à trois mois et d'une amende de vingt à cinq cents francs.

Art. 33. Quiconque aura voté dans une assemblée électorale, soit en vertu d'une inscription obtenue dans les deux premiers cas prévus par l'art. 31, soit en prenant faussement les noms et qualités d'un électeur inscrit, sera puni d'un emprisonnement de six mois à deux ans et d'une amende de deux cents francs à deux mille francs.

Art. 34. Sera puni de la même peine tout citoyen qui aura profité d'une inscription multiple pour voter plus d'une fois.

Art. 35. Quiconque étant chargé, dans un scrutin, de recevoir, compter ou dépouiller les bulletins contenant les suffrages des citoyens, aura soustrait, ajouté ou altéré des bulletins, ou lu un nom autre que celui inscrit, sera puni d'un emprisonnement d'un an à cinq ans et d'une amende de cinq cents francs à cinq mille francs.

ART. 36. La même peine sera appliquée à tout individu qui, chargé par un électeur d'écrire son suffrage, aura inscrit sur le bulletin un nom autre que celui qui lui était désigné.

ART. 37. L'entrée dans l'assemblée électorale avec armes apparentes est interdite. En cas d'infraction, le contrevenant sera passible d'une amende de seize à cent francs.

La peine sera d'un emprisonnement de quinze jours à trois mois et d'une amende de cinquante francs à trois cents francs si les armes étaient cachées.

ART. 38. Quiconque aura donné, promis ou reçu des deniers, effets ou valeurs quelconques, sous la condition, soit de donner ou de procurer un suffrage, soit de s'abstenir de voter, sera puni d'un emprisonnement de trois mois à deux ans et d'une amende de cinq cents francs à cinq mille francs.

Seront punis des mêmes peines ceux qui, sous les mêmes conditions, auront fait ou accepté l'offre ou la promesse d'emplois publics ou privés.

Si le coupable est fonctionnaire public, la peine sera du double.

ART. 39. Ceux qui, soit par voies de fait, violences ou menaces contre un électeur, soit en lui faisant craindre de perdre son emploi ou d'exposer à un dommage sa personne, sa famille ou sa fortune, l'auront déterminé à s'abstenir de voter, ou auront influencé son vote, seront punis d'un emprisonnement d'un mois à un an et d'une amende de cent francs à mille francs. La peine sera du double si le coupable est fonctionnaire public.

ART. 40. Ceux qui, à l'aide de fausses nouvelles, bruits calomnieux ou autres manœuvres frauduleuses, auront surpris ou détourné des suffrages, déterminé un ou plusieurs électeurs à s'abstenir de voter, seront punis d'un emprisonnement d'un mois à un an et d'une amende de cent francs à deux mille francs.

ART. 41. Lorsque, par attroupements, clameurs ou démonstrations menaçantes, on aura troublé les opérations d'un collége électoral, porté atteinte à l'exercice du droit électoral ou à la liberté du vote, les coupables seront punis d'un emprisonnement de trois mois à deux ans et d'une amende de cent francs à deux mille francs.

Art. 42. Toute irruption dans un collége électoral consommée ou tentée avec violence, en vue d'empêcher un choix, sera punie d'un emprisonnement d'un an à cinq ans et d'une amende de mille francs à cinq mille francs.

Art. 43. Si les coupables étaient porteurs d'armes, ou si le scrutin a été violé, la peine sera la réclusion.

Art. 44. Elle sera des travaux forcés à temps si le crime a été commis par suite d'un plan concerté pour être exécuté, soit dans toute la République, soit dans un ou plusieurs départements, soit dans un ou plusieurs arrondissements.

Art. 45. Les membres d'un collége électoral qui, pendant la réunion, se seront rendus coupables d'outrages ou de violences, soit envers le bureau, soit envers l'un de ses membres, ou qui par voies de fait ou menaces auront retardé ou empêché les opérations électorales, seront punis d'un emprisonnement d'un mois à un an et d'une amende de cent francs à deux mille francs.

Si le scrutin a été violé, l'emprisonnement sera d'un an à cinq ans et l'amende de mille à cinq mille francs.

Art. 46. L'enlèvement de l'urne contenant les suffrages émis et non encore dépouillés sera puni d'un emprisonnement d'un an à cinq ans et d'une amende de mille à cinq mille francs.

Si cet enlèvement a été effectué en réunion et avec violence, la peine sera la réclusion.

Art. 47. La violation du scrutin faite, soit par les membres du bureau, soit par les agents de l'autorité préposés à la garde des bulletins non encore dépouillés, sera punie de la réclusion.

Art. 48. Les crimes prévus par la présente loi seront jugés par la cour d'assises, et les délits par les tribunaux correctionnels; l'article 463 du Code pénal pourra être appliqué.

Art. 49. En cas de conviction de plusieurs crimes ou délits prévus par la présente loi et commis antérieurement au premier acte de poursuite, la peine la plus forte sera seule appliquée.

Art. 50. L'action publique et l'action civile seront prescrites après trois mois, à partir du jour de la proclamation du résultat de l'élection.

Art. 51. La condamnation, s'il en est prononcé, ne pourra, en aucun cas, avoir pour effet d'annuler l'élection déclarée valide par les pouvoirs compétents, ou dûment définitive par l'absence de toute protestation régulière formée dans les délais voulus par les lois spéciales.

Art. 52. Les lois antérieures sont abrogées en ce qu'elles ont de contraire aux dispositions de la présente loi.

TITRE V.

DISPOSITIONS GÉNÉRALES

Art. 53. Pour l'élection du Président de la République, une loi spéciale réglera le mode de votation de l'armée.

Art. 54. Un décret réglementaire, rendu en exécution des dispositions de l'article 6 de la Constitution, fixera, 1° les formalités administratives pour la révision annuelle des listes ; 2° toutes les dispositions relatives à la composition, aux attributions et aux opérations des colléges électoraux.

DÉCRET RÉGLEMENTAIRE

Pour l'élection au Corps législatif.

2 février 1852.

LOUIS-NAPOLÉON, etc.

Vu l'article 6 de la Constitution ;

Vu les articles 18, 19 et 54 du décret organique pour l'élection des représentants ;

Décrète :

TITRE PREMIER.

RÉVISION ANNUELLE DES LISTES ÉLECTORALES.

Art. 1er. La révision annuelle des listes électorales s'opère conformément aux règles qui suivent :

Du 1er au 10 janvier de chaque année, le maire de chaque commune ajoute à la liste les citoyens qu'il reconnaît avoir acquis les qualités exigées par la loi, ceux qui acquerront les conditions d'âge et d'habitation avant le 1er avril et ceux qui auraient été précédemment omis.

Il en retranche :

1° Les individus décédés;

2° Ceux dont la radiation a été ordonnée par l'autorité compétente ;

3° Ceux qui ont perdu les qualités requises par la loi;

4° Ceux qu'il reconnaît avoir été indûment inscrits, quoique leur inscription n'ait point été attaquée. Il tient un registre de toutes ces décisions et y mentionne les motifs et les pièces à l'appui.

ART. 2. Le tableau contenant les additions et retranchements faits par le maire à la liste électorale est déposé au plus tard le 15 janvier au secrétariat de la commune.

Ce tableau sera communiqué à tout requérant, qui pourra le recopier et le reproduire par la voie de l'impression. Le jour même de ce dépôt, avis en sera donné par affiches aux lieux accoutumés.

ART. 3. Une copie du tableau et du procès-verbal constatant l'accomplissement des formalités prescrites par l'article précédent sera en même temps transmise au sous-préfet de l'arrondissement, qui l'adressera, dans deux jours, avec ses observations, au préfet du département.

ART. 4. Si le préfet estime que les formalités et les délais prescrits par la loi n'ont pas été observés, il devra, dans les deux jours de la réception du tableau, déférer les opérations du maire au conseil de préfecture du département, qui statuera dans les trois jours, et fixera, s'il y a lieu, le délai dans lequel les opérations annulées devront être refaites.

ART. 5. Les demandes en inscription ou en radiation devront être formées dans les dix jours, à compter de la publication des listes.

ART. 6. Le juge de paix donne avis des infirmations par lui prononcées au préfet et au maire dans les huit jours de la décision.

ART. 7. Le 31 mars de chaque année, le maire opère toutes les rectifications régulièrement ordonnées, transmet au préfet le tableau de ces rectifications, et arrête définitivement la liste électorale de la commune.

La minute de la liste électorale reste déposée au secrétariat de la commune : le tableau rectificatif transmis au préfet reste déposé, avec la copie de la liste électorale, au secrétariat général du département.

Communication en doit toujours être donnée aux citoyens qui la demandent.

Art. 8. La liste électorale reste, jusqu'au 31 mars de l'année suivante, telle qu'elle a été arrêtée, sauf néanmoins les changements qui y auraient été ordonnés par décision du juge de paix, et sauf aussi la radiation des noms des électeurs décédés ou privés des droits civils et politiques par jugement ayant force de chose jugée.

TITRE II.

DES COLLÉGES ÉLECTORAUX.

Art. 9. Les colléges électoraux devront être réunis, autant que possible, un dimanche ou un jour férié.

Art. 10. Les colléges électoraux ne peuvent s'occuper que de l'élection pour laquelle ils sont réunis.

Toutes discussions, toutes délibérations leur sont interdites.

Art. 11. Le président du collége ou de la section a seul la police de l'assemblée.

Nulle force armée ne peut, sans son autorisation, être placée dans la salle des séances ni aux abords du lieu où se tient l'assemblée.

Les autorités civiles et les commandants militaires sont tenus de déférer à ses réquisitions.

Art. 12. Le Bureau de chaque collége ou section est composé d'un président, de quatre assesseurs et d'un secrétaire choisi par eux parmi les électeurs.

Dans les délibérations du Bureau, le secrétaire n'a que voix consultative.

Art. 13. Les colléges et sections sont présidés par les maire, adjoints et conseillers municipaux de la commune; à leur défaut, les présidents sont désignés par le maire, parmi les électeurs sachant lire et écrire.

A Paris, les sections sont présidées, dans chaque arrondissement, par le maire, les adjoints ou les électeurs désignés par eux.

Art. 14. Les assesseurs sont pris, suivant l'ordre du tableau, parmi les conseillers municipaux sachant lire et écrire; à leur défaut, les assesseurs sont les deux plus âgés et les deux plus jeunes électeurs présents sachant lire et écrire.

A Paris, les fonctions d'assesseurs sont remplies, dans chaque section, par les deux plus âgés et les deux plus jeunes électeurs sachant lire et écrire.

Art. 15. Trois membres du Bureau au moins doivent être présents pendant tout le cours des opérations du collége.

Art. 16. Le Bureau prononce provisoirement sur les difficultés qui s'élèvent touchant les opérations du collége ou de la section.

Ses décisions sont motivées.

Toutes les réclamations et décisions sont inscrites au procès-verbal; les pièces ou bulletins qui s'y rapportent y sont annexés, après avoir été parafés par le Bureau.

Art. 17. Pendant toute la durée des opérations électorales, une copie officielle de la liste des électeurs, contenant les noms, domicile et qualification de chacun des inscrits, reste déposée sur la table autour de laquelle siége le Bureau.

Art. 18. Tout électeur inscrit sur cette liste a le droit de prendre part au vote.

Néanmoins ce droit est suspendu pour les détenus, pour les accusés contumaces, et pour les personnes non interdites, mais retenues, en vertu de la loi du 30 juin 1838, dans un établissement public d'aliénés.

Art. 19. Nul ne peut être admis à voter s'il n'est inscrit sur la liste.

Toutefois, seront admis au vote, quoique non inscrits, les citoyens porteurs d'une décision du juge de paix ordonnant leur inscription, ou d'un arrêt de la cour de cassation annulant un jugement qui aurait prononcé une radiation.

Art. 20. Nul électeur ne peut entrer dans le collége électoral s'il est porteur d'armes quelconques.

Art. 21. Les électeurs sont appelés successivement par ordre alphabétique.

Ils apportent leur bulletin préparé en dehors de l'assemblée.

Le papier du bulletin doit être blanc et sans signes extérieurs.

Art. 22. A l'appel de son nom, l'électeur remet au président son bulletin fermé.

Le président le dépose dans la boîte du scrutin, laquelle doit, avant le commencement du vote, avoir été fermée à deux serrures, dont les clefs restent, l'une entre les mains du président, l'autre entre celles du scrutateur le plus âgé.

Art. 23. Le vote de chaque électeur est constaté par la signature ou le parafe de l'un des membres du Bureau, apposé sur la liste, en marge du nom du votant.

Art. 24. L'appel étant terminé, il est procédé au réappel de tous ceux qui n'ont pas voté.

Art. 25. Le scrutin reste ouvert pendant deux jours, le premier jour, depuis huit heures du matin jusqu'à six heures du soir; et le second jour, depuis huit heures du matin jusqu'à quatre heures du soir.

Art. 26. Les boîtes du scrutin sont scellées et déposées, pendant la nuit, au secrétariat ou dans la salle de la mairie.

Les scellés sont également apposés sur les ouvertures de la salle où les boîtes ont été déposées.

Art. 27. Après la clôture du scrutin, il est procédé au dépouillement de la manière suivante :

La boîte du scrutin est ouverte et le nombre des bulletins vérifié.

Si ce nombre est plus grand ou moindre que celui des votants, il en est fait mention au procès-verbal.

Le Bureau désigne parmi les électeurs présents un certain nombre de scrutateurs sachant lire et écrire, lesquels se divisent par table de quatre au moins.

Le président répartit entre les diverses tables les bulletins à vérifier.

A chaque table, l'un des scrutateurs lit chaque bulletin à haute voix et le passe à un autre scrutateur; les noms portés sur les bulletins sont relevés sur des listes préparées à cet effet.

Art. 28. Le président et les membres du Bureau surveillent l'opération du dépouillement.

Néanmoins, dans les colléges ou sections où il se sera présenté moins de trois cents votants, le Bureau pourra procéder lui-même, et sans l'intervention de scrutateurs supplémentaires, au dépouillement du scrutin.

Art. 29. Les tables sur lesquelles s'opère le dépouillement du scrutin sont disposées de telle sorte que les électeurs puissent circuler alentour.

Art. 30. Les bulletins blancs, ceux ne contenant pas une désignation suffisante, ou dans lesquels les votants se font connaître, n'entrent point en compte dans le résultat du dépouillement, mais ils sont annexés au procès-verbal.

Art. 31. Immédiatement après le dépouillement, le résultat du scrutin est rendu public, et les bulletins autres que ceux qui, conformément aux articles 16 et 30, doivent être annexés au procès-verbal, sont brûlés en présence des électeurs.

Art. 32. Pour les colléges divisés en plusieurs sections, le dépouillement du scrutin se fait dans chaque section. Le résultat est immédiatement arrêté et signé par le Bureau; il est ensuite porté par le président au Bureau de la première section, qui, en présence des présidents des autres sections, opère le recensement général des votes et en proclame le résultat.

Art. 33. Les procès-verbaux des opérations électorales de chaque commune sont rédigés en double.

L'un de ces doubles reste déposé au secrétariat de la mairie; l'autre double est transmis au sous-préfet de l'arrondissement, qui le fait parvenir au préfet du département.

Art. 34. Le recensement général des votes, pour chaque circonscription électorale se fait au chef-lieu du département, en séance publique.

Il est opéré par une commission composée de trois membres du conseil général.

A Paris, le recensement est fait par une commission composée de cinq membres du conseil général, désignés par le préfet de la Seine.

Cette opération est constatée par un procès-verbal.

Art. 35. Le recensement général des votes étant terminé, le président de la commission en fait connaître le résultat.

Il proclame député au Corps Législatif celui des candidats qui a satisfait aux deux conditions exigées par l'article 6 du décret organique.

Art. 36. Si aucun des candidats n'a obtenu la majorité absolue des suffrages, et le vote en sa faveur du quart au moins des électeurs inscrits, l'élection est continuée au deuxième dimanche qui suit le jour de la proclamation du résultat du scrutin.

Art. 37. Aussitôt après la proclamation du résultat des opérations électorales, les procès-verbaux et les pièces y annexées sont trans. mis, par les soins des préfets et l'intermédiaire du Ministère de l'intérieur, au Corps Législatif.

FIN

TABLE DES MATIÈRES

LIVRE PREMIER.

DEVOIRS SOCIAUX.

LIVRE II.

DEVOIRS DU SUFFRAGE UNIVERSEL AVANT L'ÉLECTION.

LIVRE III.

DEVOIRS DU SUFFRAGE UNIVERSEL APRÈS L'ÉLECTION.

QUELQUES LETTRES A UN DÉPUTÉ.

PARIS. — IMP. SIMON RAÇON ET COMP., RUE D'ERFURTH, 1.

OUVRAGES DU MÊME AUTEUR

Voyageurs et expéditeurs en chemin de fer, 1858. 1 vol. in-18. Prix : 3 fr. 50 c.

2ᵉ édition épuisé.

Canaux et chemin de fer, avec cet épigraphe : *La Guerre ou la Concurrence?* Brochure in-18. Prix : 1 fr.

SOUS PRESSE

Manuel de l'expéditeur par chemin de fer et par eau.

Des impôts sur la justice. Des souffrances des justiciables; Du présent et de l'avenir des officiers ministériels.